唐代渤海国
医疗画资料集

宋兆麟　整理

学苑出版社

图书在版编目（CIP）数据

唐代渤海国医疗画资料集 / 宋兆麟整理 . — 北京 : 学苑出版社，2021.11
ISBN 978-7-5077-6300-3

Ⅰ. ①唐⋯　Ⅱ. ①宋⋯　Ⅲ. ①中国医药学—医学史—唐代—图集　Ⅳ. ① R-092

中国版本图书馆 CIP 数据核字（2021）第 243480 号

责任编辑：洪文雄　周　鼎
出版发行：学苑出版社
社　　址：北京市丰台区南方庄2号院1号楼
邮政编码：100079
网　　址：www.book001.com
电子信箱：xueyuanpress@163.com
联系电话：010-67601101（营销部）、010-67603091（总编室）
印　刷　厂：北京捷迅佳彩印刷有限公司
开本尺寸：787×1092　1/16
印　　张：8.75
字　　数：85千字
版　　次：2021年11月第1版
印　　次：2021年11月第1次印刷
定　　价：360.00元

前 言

人类为了生存，起初就有两大需求。一是谋生，其手段原为获取经济，有采集和狩猎，都是取得自然界提供的天然产品；后来才发明了生产经济，主要是农业和畜牧业，以人类的能动性促使农牧业产品增长。二是健康，为了应对疾病的威胁，人类出现了医疗知识、医生。这是世界性的，没有一个民族例外。

中华民族的早期医药知识，具有两个特点：一、它与巫觋信仰结合在一起。巫觋原是原始信仰的主持者，又兼行医治病，而这些人往往又是氏族、部落的头人。中国汉字的古"医"字，其中就有"巫"字，巫觋对中医药有重要影响，后来才分离出专门的医者。二、医食同源。这一点对中国养生文化有重大贡献。

在中国历史上，历代都出现过著名医师，留下不少医药著作，积累了大量的医药和医疗知识。除了大量的文字记载外，还有许多绘画记录反映了传统的医药和医疗知识。我对古代医药绘画有较大兴趣，居然在唐代渤海国的文书中发现了一批重要的医药绘画资料。

渤海国是唐朝时期我国东北地区的一个地方政权，主要是靺鞨人建立的。她大力吸收唐朝文化，与华夏同风，其中就包括中原文化的医药知识。渤海国处于我国北方草原丝绸之路的东端，无论中亚地区的粟特医药，还是后世东方的日本、高丽和北方俄罗斯地区的医药文化，皆为渤海国所吸收，从而形成了渤海国颇具特色的医药文化。

在藏家收藏的渤海国文书中，我发现了三种医药资料：

一种是渤海国《药方》。该《药方》以树皮纸雕版印刷，共88本，以汉字和渤海文写成，共200多种药方，治疗方法不同。该书出版于渤海国建兴三年（821年），书中所记载内容在一定程度上反映了渤海国的医药水平。

一种是渤海国医药版画。这批版画有47幅，是雕版印刷的，以绢绸裱糊衬底，十分精美，每幅版画都有渤海文标题和说明。这些版画应该有雕版，笔者收到其中5块雕版，木质，长60厘米，宽40厘米。

一种是渤海国医疗绘画。这批绘画有31幅，其中27幅为纸本，4幅为组本，一般高45厘米，宽约300厘米。每幅都有一个专题，如采草药、药材加工、制膏药、熬驴皮胶、取蛇毒、悬丝号脉、针灸、僧医针疗、拔罐、刮痧、赶疗、火熏、药浴、放血、治牙和各种健身运动。每幅画都除生动的画面外还配有渤海文说明。

众所周知，中国古代医书是很多的，但是像《本草纲目》这样文图并茂的著作是较少的。其实，在中医传授中是很讲究图像的，在师徒传授中常常用挂图形式，本草类图书就更流行了。只是时代久远，战事频发，图像史料大多散失，更不要说医疗绘画了。渤海国医疗绘画的发现，是非常难得的。尽管它不像文人画那样高超，但它是民俗画的精品，对研究医药史有重大意义。它不仅丰富了渤海国文化史研究内容，也为中国医学史提供了新史料。其中还有不少文化交流的场面。

现在将其中的绘画和版画资料整理出版，供学者研究参考。

在编辑过程中，作者做两点努力：首先把这78幅画分两类：一类是医疗绘画，一类是医疗版画，也就是该书包括上下两部分；其次，每类又按我国传统医疗方式，分为五部分，包括疾病诊断、药材加工、无创疗法、创伤疗法和运动疗法。此外，整理者根据绘画和版画所记录反映的主要内容，结合考证给每幅图命名以利于述说，其不妥之处望方家指正。

最后有一点应该说明：在本书收录的所有图画资料中，都有一种过去没有见过的文字说明，属于"死文字"。读者会问："这是什么文字？"回答是："这是渤海文字。"这是一项重大的发现，笔者在藏家的民间文书资料和藏品中，不仅发现有《渤海文辞典》和数十种使用渤海文字的其他文书，还有渤海文铜钱、渤海文活字、渤海文印章、铜腰牌等。确认渤海文是肯定的。虽然如此，由于渤海文的破译、翻译是一项巨大工程，在短期内是不会完成的，因此本书对绘画和版画上的渤海文字没有翻译，请读者见谅。

宋兆麟

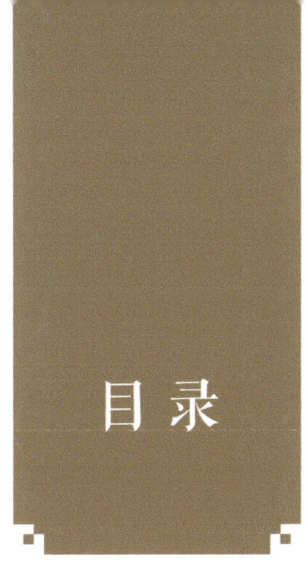

目 录

上编　医疗绘画

一、疾病诊断 / 003
 1. 悬丝号脉图　/ 004
 2. 僧医号脉习武图　/ 006

二、医药加工 / 009
 1. 采草药图　/ 010
 2. 药物炮制图　/ 012
 3. 熬阿胶图　/ 014
 4. 取龙涎香图　/ 016

三、无创疗法 / 019
 1. 萨满治病图　/ 020
 2. 刮痧画　/ 022
 3. 赶筋疗法纸画　/ 024
 4. 拔罐图　/ 026
 5. 药浴按摩画　/ 028
 6. 贴膏药图　/ 030

四、创伤疗法 / 033
 （一）针灸疗法 / 034
 1. 针刺图　/ 034
 2. 针刺与拔罐纸画　/ 036
 3. 针刺与拔罐帛画　/ 038
 4. 僧医扎针图　/ 040

 （二）放血疗法 / 042
 1. 针刺放血疗法图　/ 042
 2. 放血疗法图　/ 044
 3. 火疗图　/ 046

 （三）脓疮手术 / 048
 1. 切疮手术图　/ 048
 2. 治疗骨折图　/ 050
 3. 处理伤口图　/ 052

 （四）其他疗法 / 054
 1. 解蛇毒图　/ 054
 2. 治牙图　/ 056
 3. 僧医眼疾图　/ 058

五、健身运动 / 061
 1. 举重图　/ 062
 2. 摔跤图　/ 064
 3. 射靶图　/ 066
 4. 马球赛图　/ 068
 5. 蹴鞠图　/ 070
 6. 滑雪图　/ 072

下编　医疗版画

一、疾病诊断　/ 077
1. 望诊图　/ 078
2. 牙医看病图　/ 079
3. 切脉图　/ 080
4. 号脉图　/ 081
5. 号脉熬药图　/ 082
6. 悬丝号脉图　/ 083
7. 额脉图　/ 084
8. 僧医指脉图　/ 085
9. 检查腿伤图　/ 086

二、药材加工　/ 087
1. 草药加工图　/ 088
2. 取蛇毒图　/ 089
3. 做膏药图　/ 090
4. 药纸浇注图　/ 091
5. 加工药纸图　/ 092
6. 造纸加药图　/ 093
7. 做牛皮图　/ 094
8. 讲解草药图　/ 095

三、无伤疗法　/ 097
1. 按摩上肢图　/ 098
2. 按摩抓药图　/ 099
3. 刮痧疗图　/ 100
4. 赶疗图　/ 101
5. 拔罐图　/ 102
6. 多枚拔罐图　/ 103
7. 头部拔罐图　/ 104
8. 药浴图　/ 105
9. 熏疗图　/ 106
10. 火疗图　/ 107
11. 萨满驱鬼图　/ 108
12. 治眼图　/ 109

四、创伤疗法　/ 111
1. 针疗图　/ 112
2. 上身针疗图　/ 113
3. 背部针疗图　/ 114
4. 针疗刮痧图　/ 115
5. 左臂放血图　/ 116
6. 右臂放血图　/ 117
7. 术前准备图　/ 118
8. 背部囊肿手术图　/ 119
9. 切除背疮图　/ 120
10. 胳臂手术图　/ 121
11. 小腿治伤图　/ 122
12. 胸部手术图　/ 123
13. 伤口缝线图　/ 124
14. 正骨图　/ 125

五、运动疗法　/ 127
1. 运动上肢图　/ 128
2. 牵引四肢图　/ 129
3. 僧医教拳图　/ 130
4. 僧侣教武术图　/ 131

【上编】
医疗绘画

就目前所知，渤海国留下的绘画数以百计，有纸本和绢本两种。其中有医疗绘画，通常为长卷。本书收录医疗绘画35幅，各以绘画形式表述草药知识和医疗方法。每幅画上都有渤海文字标题和说明，包括五个部分：疾病诊断、药材加工、无创疗法、创伤疗法和运动疗法。具体情况介绍如下。

一 疾病诊断

看病首先要诊断患者病证。传统方法是望、闻、问、切。名医张仲景勤求古训，博采众长。采用"望、闻、问、切"四诊手段和"阴、阳、表、里、虚、实、寒、热"八纲来分析和辨别病症，这是传统的医疗方法。宋代施发是诊病大家，所撰《察病指南》系统总结了听声、察色、考味和切脉诸法。清代朱铭石在《脉部图咏歌诀》中指出七表八里脉象图，配以歌诀，极大地丰富了诊断疾病的方法。渤海国医疗画《悬丝号脉图》《僧医号脉习武图》中记录了传统号脉诊法，极其珍贵。

1. 悬丝号脉图

该图纸本，高45厘米，宽310厘米。右有四个渤海文题目，又有四行44个渤海文字说明。自右而左绘有：

在一房间，有一桌，上有文房四宝。主人和家人正迎接医生，其中有一人捧礼盒，还有三位女眷。

在中间一房内，有一方桌，医生为病人号脉，另有五人围观。

图1-1-1　悬丝号脉图

图1-1-1-1　悬丝号脉图局部

图 1-1-1-2　号脉

靠里一间较大，左边有一床，有蚊帐，一位女眷卧病在床，旁有一侍女陪伴。

房内有桌子，医生坐桌旁，桌上有"方术"，以病人左手腕起，引三丝线，越过"方术"，由医生扶丝号脉，旁有四人观看。这就是有名的"悬丝号脉"，在唐代已有。值得注意的是，医生是大胡粟特人，中国号脉古法是否来自中亚，值得研究。

最后有三行 29 个渤海国文字说明。

说　明

切脉是基本的诊断疾病的方法中国古代有三部九法的遍诊法，人迎、寸口、趺阳三部诊法和寸口诊法等。

悬丝号脉，现在也不用了。只听说清朝皇后请医生看病，由于其地位高贵，男女授受不亲，医生只能采取悬丝号脉的方法，为皇后看病。在电视剧《故宫草医》中就有一个悬丝号脉的镜头。当时还出了一个笑话，皇后不太信中医，医生诊病时，让一位格格代她，这位格格又有身孕。医生没见其面，怎么也想不到年纪大的皇后会有身孕。说真话不行，说假话更不行，把医生吓得六神无主，只求逃之夭夭。这个故事说明，既使在中国古代的医疗中，诊断病症也要采取多种方法，仅靠号脉是不够的！更不要说悬丝号脉，看不见病人的真面目了。

传说古代埃及曾有悬丝号脉方法。渤海国悬丝号脉医生是一个大胡子粟特人。

2. 僧医号脉习武图

该图纸画，高 45 厘米，宽 310 厘米。右有四行 37 个渤海文字说明。

自右而左绘有：

两僧人和一异域女尼姑。

僧医在桌旁为一男子号脉，旁有五人观看。

图 1-1-2　僧医号脉习武图

> **说　明**
>
> 从《僧医号脉习武图》看出三个问题：
>
> 首先是僧医。现在一般人认为寺院仅仅是宗教信仰场合，其实不然。寺院不仅是宗教活动场所，也是知识分子聚集的地方，如中国古代有不少画家、书法家都在寺院活动，音乐家也不少。寺院也有自己的医生——僧医，既为僧人治病，也为民间百姓治病。全国少数民族古籍整理研究室曾从佛经中整理出十四卷医学著作。
>
> 其次是习武。中医最强调治"未病"，治疗过程也讲究五禽戏等运动疗法。这一点也为

在庭院内岩石、花盆前面,有两男子在打拳,旁有三人观看,其中有两僧人。另有两人在旁边交谈。

在一个较大围帐内,中间放一方形榻,其上摆一炕桌,其上有燃香炉,僧人与主人坐在桌子两边交谈。榻前有一脚榻。左侧有两僧人陪站。右侧有三女眷陪站。

图 1-1-2-1 僧医

僧医所吸收。僧医不仅号脉、治病,也讲究运动疗法,促进身体尽快康复。

第三是女尼。从《僧医号脉习武图》看,在僧医中还有一位女性,从形像来看可能是中亚来的粟特人。从根源上说,佛教是外来文化,又是沿丝绸之路来的。其中一定有外籍信徒进入中国。中国不少佛经就是他们翻译过来的,也带来了异域文化,如音乐、绘画、医药知识。渤海国是一个开放的国家,他们从四面八方引进不少异域文化,不少外域人也来到渤海国,上述女尼可能就是。

图1-1-2-2 僧医习武

图1-1-2-3 僧医号脉

二 医药加工

中医所用的药材，起初都是医者自己采集和制作，有植物、动物和矿物多种。先秦时期已经有《神农本草经》，它是假托神农之名而作，总结了历代的药物知识，共收集了365种药材。到了明代出现了我国古代药物学的巅峰之作——《本草纲目》。

1. 采草药图

该图纸本。高 70 厘米，宽 410 厘米。右侧有两行 27 个渤海文字说明，又有 4 个渤海文字纪年。

远有山，近有低山、树木。有三个男子戴圆帽、穿花长袍和靴子，每个人背一筐，放药草，有花，其中一人手拿镰刀。远山，近处地上有一长方毯子，两人用四齿叉在毯席上翻晒草药，有一人端一簸箕草药前来。旁停一棚东，还有三个木架上有三个圆簸箕，也晾着草药。有一人蹲在地上整理药材。

有两人在一盆内洗草药，其中一人持木棍，一人倒药于盆内。

有一人在桌子上切制草药。有一男子在风炉上煎药。

有一女子端碗汤药在喝。左边有一圆形帐房。

图 1-2-1　采草药图

图 1-2-1-1　熬药

图 1-2-1-2　铡草药

图 1-2-1-3　洗草药

说明

从神农尝百草的传说起,人类就注意对各种野生植物的分辨,哪些可吃,哪些有毒,哪些有治疗效果。所谓药食同源是很早就存在的,随着时间的发展,有些植物发展为食物,进行农业种植。汉唐以后,还出现了专门的采草药人,后来变成药农。

所谓药农,最早就是采草药的人。他们对草药有专门知识,知道其生于何处,在什么时节进行采集,然后拿到市场上进行交易。从渤海国《采草药图》看,采药者也是农人一样装束,唯一不同的是背有篓筐,还有砍割草药的镰刀。他们刚采来的草药是鲜活的,容易腐烂,所以要在席子或毯上晒干,进行洗捣、切制,这样才能做成今天所说的饮片。

图1-2-1-4　晒药

图1-2-1-5　采药

2. 药物炮制图

该画纸本。高 68 厘米，宽 320 厘米。右有两行 24 个渤海文字说明。又有 4 个渤海文字纪年。自右而左画有：

右有两棵大树，树下有三个木筒，内贮药物，一人以木杵在筒内舂击加工。

一个人在桌子上洗药，地上还有两筐药材。

一个人在地上用碾子碾药，有两人各端一筐药送来。

一人在伞下桌子上分药、包装。

图 1-2-1　草药加工图

在一桌子上有若干药材，有两人各捧一盘草药，地上还有两筐刚采来的药材。

左边有一个草药挂图，有一人正在指点、讲解，旁有七个门生，坐跪在地上听讲。

有一师父在旁边桌边喝茶、听讲。远方有山，还有一圆形帐房。

> **说明**
>
> 渤海国有丰富的药物知识。在他们与日本交往的使用中，必有"医师"，主管看病。来访的日本人也带来大量药品，其中就有不少药材。
>
> 中日医药交流历史较久，据《日中文化交流史》称，从 7 至 9 世纪 200 年间，日本派遣唐使 19 次，38 船，约 5000 人，其中就不乏从医者。754 年我国高僧鉴真东渡日本，也传去医药知识，《鉴上人秘方》一书就是鉴真传去的，后来形成了"汉方医学"体系。

图1-2-1-1 碾药

图1-2-1-2 分药、包装

图1-2-1-3 洗药

图1-2-1-4 舂药

3. 熬阿胶图

该图纸本。高45厘米，宽310厘米。右边有3个渤海文字为题，下有三行24个渤海文字说明。自右而左绘有：

远山，近有一平板车，装有带毛驴皮，地上有一包袱，附近有四人交谈。

有一大水缸，内泡驴皮，有一人搅拌，旁有一人用刀刮毛，有一人举皮检查，还有一人观看。

远山，近有两个木架，均晾晒有去毛的驴皮，有一人检查。

图1-2-3 熬阿胶图

图1-2-3-1 驴皮切块

一人在方桌上把驴皮切成条，另一人用剪刀把皮条剪成小块皮子。

有两个人在四个灶眼上熬驴皮，其中有一人搅拌，有一人往锅内加料，有一人把熬好的皮胶盛到木盘内。

驴皮胶晾凉后，呈固体状，有一晾架。另一人把皮胶切成块。

有两人在评议皮胶块。

图 1-2-3-2　刮毛、浸泡

图 1-2-3-3　选购驴皮

> **说 明**
>
> 阿胶是重要的中医药材，用途较广，但阿胶是怎么熬制的，一直缺乏图像。渤海国《熬阿胶图》生动地绘制了熬制阿胶的工艺过程。

4. 取龙涎香图

图 1-2-5 取龙涎香图

该图绢本，高 68 厘米，宽 410 厘米。右有两行 25 个渤海文字说明，又有 4 个渤海文字纪年。

远山，近为大海，左边为海岸。岸上有两人正牵绳拉一船靠岸。船上有六人，其中有一人掌舵，协助船前行；有三人拉三根绳索，各有一钩勾住一条抹香鲸，该鲸在海水中随索钩游行。

海岸远处也为群山，山脚下停一船，船上立一木杆，还有缆绳，船边站一人。

在一凉亭侧，有两人抬一头抹香鲸。

其下方有一刚抬上来的抹香鲸，头上还挂两根镖头和绳索，旁站一妇女观看。

有两男子，一人持刀割下鲸头，另一人从腔部拉出鲸肠子。其身后有一桌子，放有龙涎香块，有一男一女在晒香块。

在一凉亭下，有一鲸鱼，已经是鲸头、鲸身分离，一男子正用刀切割鲸肠子，还有一人提着鲸肠离去。

图 1-2-5-1 拉直、梳理鲸肠

地上放置两个圆形桌子，其上都放有鲸肠子，还有两男子拉直一条鲸肠，又一妇女在梳理一条鲸肠。

有一男子把肠子切成段，置于筐内，又将其盛入大筐内。

说明

龙涎香又名阿末香，因取抹香鲸消化道的分泌物形成，产量极少，价格贵，号称"灰色金子"。

据记载，远在公元6世纪阿拉伯人已在印度洋沿岸地区使用龙涎香，但不知其来源。11世纪阿维森纳著《医典》，认为该香产于海底。有人认为是菌类植物，或者为大海鸟的粪便，或者认为是漂在海上的蜂蜡，还有人认为是龙吐的涎沫，故名龙涎香。

后来才发现该香产于抹香鲸。抹香鲸为鲸的一种，体形较大，四海为家。雄性抹香鲸长达20米，能潜水千米左右。该鲸喜食巨乌贼、章鱼，这些食物含有坚硬的角质、难以消化，刺激肠道分泌出一种抵抗物，将上述角质包裹起来，并从鲸鱼口吐出，漂浮于海上，越久越好，先为黑色，后变为灰色、白色，已成蜡状固体，变成龙涎香，呈块状。

从历史文献上看，晚唐始有记载。《酉阳杂俎》："拨拔力国，在西南海中，不食五谷，食肉而已。……土地唯有象牙及阿末香。"该国指索马里的伯培拉，该地居民是以渔猎为生，有象牙和阿末香出产。在宋代诗文中多有龙涎香记载。宋人吕同老所作《天香〈宛委山房拟赋龙涎香〉》所说的龙涎香，就谈及制作方式。由于该香名贵，古代已有造假者，《香识》称："许道寿者，本建康道士。后还为民，居临安太庙前，以鬻香为业。仿广州造龙涎诸香，虽沉、麝、笺、檀，亦大半作伪。"

《取龙涎香图》的发现，意义极为重要。首先，过去认为中国从西方传入的香，以龙涎香最晚，此图表明在10世纪初唐代已有龙涎香，而且会制作龙涎香；其次，当时做的龙涎香已不是海上漂浮物，而是取抹香鲸的肠中分泌物做香。

图1-2-5-2 捕鲸

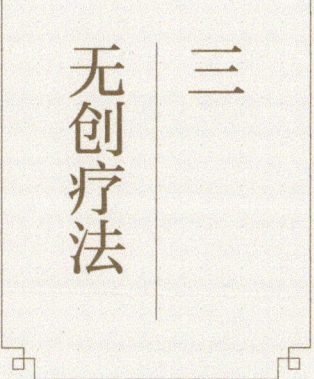

三 无创疗法

中医治疗疾病,有多种方法,主要有无创疗法、创伤疗法、健身运动。其中的无伤疗法主要有刮痧疗法、赶疗法、拔罐法、药浴法、贴膏药等。

1. 萨满治病图

该画纸本，彩绘。高 45 厘米，宽 310 厘米。右侧有 4 个渤海文字标题，又有三行 26 个渤海文说明。左侧有三行 27 个渤海文字说明。自右而左绘有：

远山，有松树，有一人前导，一位壮汉背一个患病的老妇人，侍女和侍男随行，老妇人正是患病者。

远山，有一遮阳伞，下坐男主人，有三女一男陪伴，前有一人解说，他们在观看前面萨满驱鬼治病场面。

远山，近有三位萨满跳神驱鬼。萨满戴角冠，穿圆领衣服，下着条裙，脚上跳鞋，双手握手鼓，边击边舞，作跳神驱鬼状。

图 1-3-1　萨满治病图

图 1-3-1-1　萨满驱鬼

远山，近有一病人坐于凳上，闭目养神，有一萨满持一火把，为病熏疗，附近有一男一女陪伴。

左边有一老人，在侍女陪同下，请医生看病。

> **说明**
>
> 此画有萨满跳神驱鬼、以火熏疗等方法治病。
>
> 应该指出，最初的医疗是与原始信仰结合在一起的，而最早掌握医疗知识的人就是巫觋。他们既请神驱鬼，又医伤治病，所以医疗起源于巫觋，这些人总结了民众在实践中摸索的医药知识。萨满是巫觋信仰的一种，属于北方民族的巫觋，是神灵附体型，比较原始，但仍然保留不少医疗方法。

图1-3-1-2　患者求医

2. 刮痧画

该图纸本，彩色绘制。高 45 厘米，宽 305 厘米。右侧有 4 个渤海文字标题，四行 41 个渤海文字说明。画面共有三个场面：

熬药

在右边，有一个风炉，有一人坐在木墩上，右手持扇，观看风炉熬药情景。

其右前方有一方桌，其上有药箱、几味草药、秤等，桌下有一个药碾子，附近有四人议事。

图 1-3-2　刮痧画

图 1-3-2-1　刮痧

图1-3-2-2　号脉

图1-3-2-3　熬药

号脉

在山水屏风内，有一桌，其上有药盒，医者为病人号脉，一侍男握病人右臂，附近有三个人观看。

刮痧

在帐内床上，坐一病人，医者为其刮痧，一助手端一盘刮痧工具走来。左边有四人，右边有两人观看。

后有三行30个渤海文字说明。

> **说明**
>
> 刮痧有一种工具，俗称刮痧板，有多种形式，材质有瓷器、玉石、牛角等，但边缘不能锋利，防止刮伤皮肤。医者根据患者病情，又参考脉络走向，对一些症病采用刮痧来治疗。

3. 赶筋疗法纸画

该画纸本，彩绘，高 45 厘米，宽 300 厘米。右侧有 4 个渤海文字标题，又有四行 35 个渤海文字说明。左侧也有三行 26 个渤海文字说明。

自右而左绘有：

在一人领三人到治疗现场。

在屏风内，凳上坐一男子，由一胡医为其按摩左臂，其对面还一人，背后有三人观看。

一小孩端一盆水路过。旁边有一方桌，桌上放一赶疗用具。

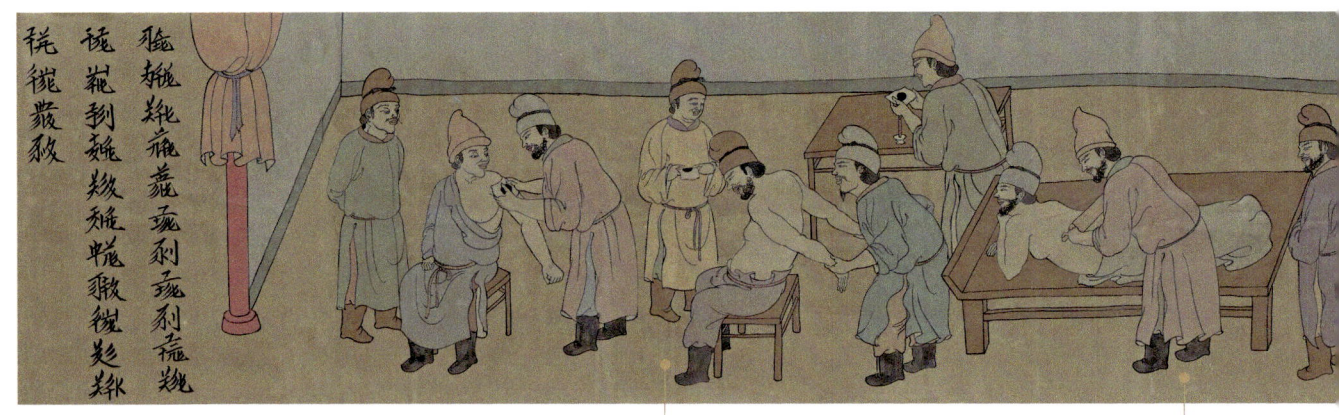

图 1-3-3　赶筋疗法纸画

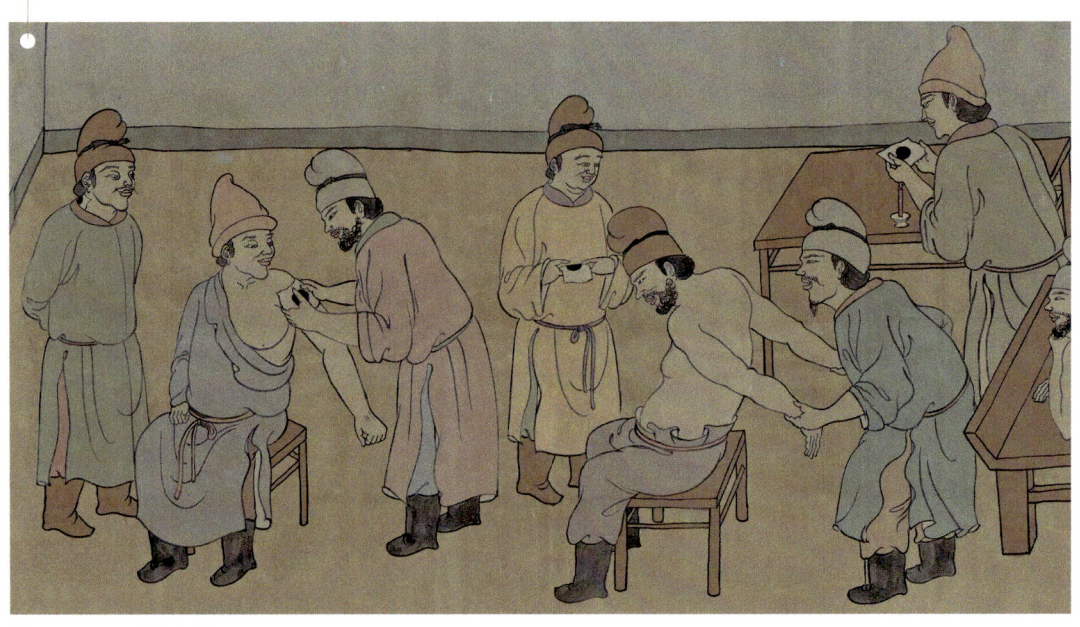

图 1-3-3-1　贴膏药

帐内有一大床,俯卧一病人,光背朝上,有一胡医手持一擀面杖似工具,为病人在背上赶压,进行治疗。其后有一胡人看望。

帐内木凳上坐有一病人,胡医持其双臂,为其按摩,旁边有一人拿膏药,在桌灯上烘烤,准备为病人贴膏药。

病人对面一人,也持膏药,欲为病人贴膏药。

在最左边,也有一病人,外露左肩,由一名胡医为其贴膏药,对面有一人观看。

说明

赶筋也是一种治疗方法,可能是刮痧法的一种发展,现今会操作者不多。此图说明远在唐代渤海国还盛行赶筋治疗技术。

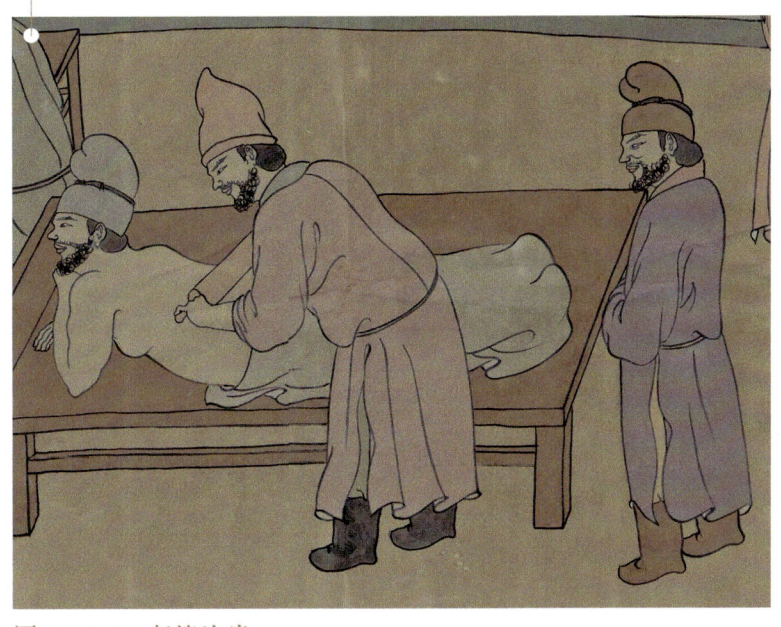

图1-3-3-2 赶筋治疗

4. 拔罐图

该图纸本，高 45 厘米，宽 300 厘米。右侧有 4 个渤海文字标题，又有四行 38 个渤海文字说明。

有四人洗刷罐子，准备拔罐子。

在室内，主妇为病人洗脸，病人坐在木凳上，医生在病人头上拔罐，有助手捧盘装罐，又有三人围观。

病人卧床上，背朝上，医生正在病人后背拔罐，有两人观看。

图 1-3-4　拔罐图

有一病人上臂拔罐，另一病人下肢关节处也拔罐，有一人观看。

医生为两人拔罐，一病人后背拔有罐，一病人前胸拔罐。

后有三行 25 个渤海文字说明。

图 1-3-4-1　拔罐

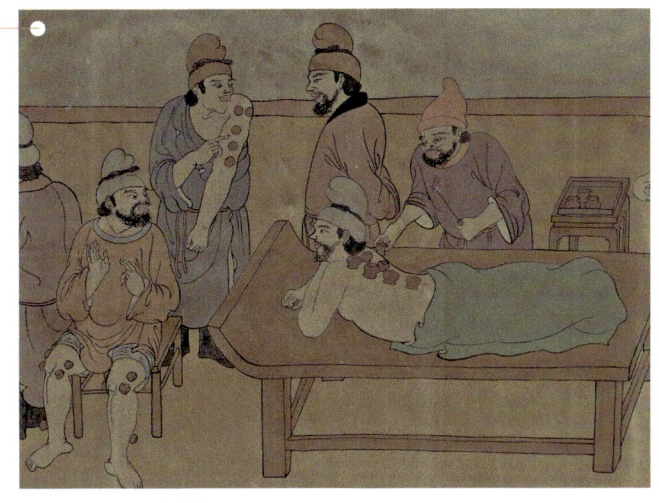

图1-3-4-2 拔罐

说明

渤海国人拔罐疗法喜欢用小罐，而且用多罐法，在发现的罐子里，也是小型木罐，与绘画中罐子一致。

从近代文物角度看，笔者亲自看见一个拔罐的木质工具箱，箱长50厘米，宽35厘米，表面有契丹文名字，应为"罐子"之意，当然是医疗所用的罐子。

箱内有两种罐子：

一种为竹桶，以横隔膜为底，用天然竹子为壁，但皆刮去竹表，可能出于防滑。竹桶有大小两种：大桶长12厘米，直径6.5厘米；小者长7厘米，直径4厘米。有些小桶套在大桶之内。

另一种为红褐色瓷罐，小口、鼓腹、小底，底部一圈未上彩，仍保留天然白色。瓷罐也有大小两种：大罐高6.5厘米，直径6厘米，腹部有黑白色圆形阴阳八卦图，相当美观；小罐高5.5厘米，直径5厘米。其腹部也有八卦图，为暗花，写明题。有些小罐也装入大罐内。阴阳是中医的理论之一，罐子上有阴阳八卦图是合情理的现象。

据说近代也用大罐拔疾，但所用小罐拔疾更为流行。

5. 药浴按摩画

该画纸本，高 45 厘米，宽 310 厘米。右有 4 个渤海文字题目，有四行 37 个渤海文字说明。自右而左绘有：

远山，有四人端药而来。

有一长案，上为遮阳伞，有一人用铡刀切制药材，桌上还有药材、秤，有两人观看，其中一人擦汗。有两人端药材去浴室。

有一间房内有两个木桶，盛有温水和药材，两人各占一桶洗浴，还有一人协助。

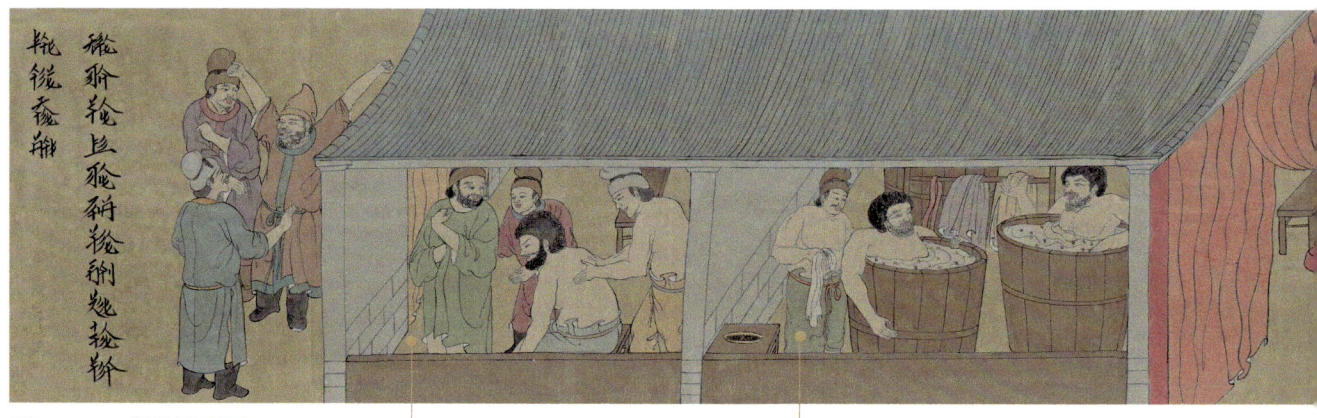

图 1-3-5　药浴按摩画

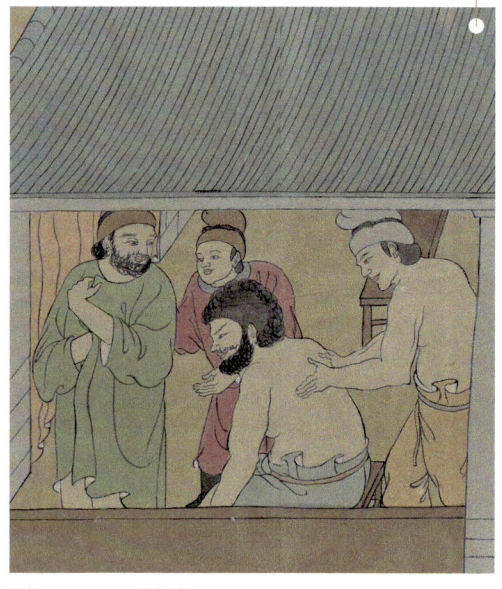

图 1-3-5-1　按摩

图 1-3-5-2　药浴

另一室内，坐一刚洗过澡的人，医者正在为其按摩后肩。

另有两人观看。

房外有三人，在做伸上肢运动，似乎表明洗浴后身体更灵活。

最后有两行 15 个渤海文字说明。

说 明

目前浴池业和保健业多用药浴疗法健身，其实此法来源于医疗方法，或者古代就流行药浴，此画即是实证。

图 1-3-5-3　切药材

图 1-3-5-4　准备药材

6. 贴膏药图

该画纸本，高68厘米，宽310厘米。右侧有两行26个渤海文字说明，又有4个渤海文字纪年。该画为两个场面：

按摩

远处有山，近有一圆形帐房，房前有两人用风炉烧茶，另一人捧一盘茶具。有一医者

图 1-3-6 贴膏药图

图 1-3-6-1 贴膏药

图 1-3-6-2 制膏药

为一坐着的病人按摩两额，有一人端一盘汗巾。有四人观看，其中有一人拿汗巾，一人拿礼盒。

贴膏药

有一人在桌子上用纸包药、制膏药，又一人捧药材前来。桌旁卧一犬。

有一人在桌上做膏药，地上有一担箱子。左侧有一圆形帐房。

远山，有一遮阳伞。

房前坐两人，上身赤露。医者在一患者两肩各贴一块膏药，手中还有一膏药；另一医者为患者左肩上贴一块膏药。有一人捧一盘膏药前来。

说明

经络学说是中医治病的核心理论之一。有利于气血运行的方法，往往是健身和治病的方法，久而久之，就形成了固定的医疗方法。从《贴膏药图》来看，基本有两种治病方法：

一种是按摩。它是用人手或一定工具，使人的经络运行正常，这样人就处于正常行态，否则就是气出现了问题，发生病变。按摩正是以拿捏的方法，疏通经络，使人去疾，能健壮地生活下去。按摩是传统的医疗方法，经久不衰。

一种是贴膏药。利用有关药材，经过研制，合蜂蜜之类原料制成的膏药，可以贴在某些部位，使气血运行通畅，减轻痛苦的医疗方法。

中医药疗主要是口服，又称"服药"，有人认为这种服药是在患者体外放置药材的治病方法。笔者过去在海南黎族地区就看到患者脚肿了，为了消炎和减轻痛苦，就采若干草药，包扎在脚外，久之则病除康复，这才是真正的"服药"方法，也是贴膏药材的前身。一旦把黎族脚上包扎的草药加工为末，变成膏药，更能简便的治疗脚病。

图1-3-6-3 按摩

四 创伤疗法

　　由于治病的需要，也采用一些有伤身体的医疗方法，如针刺、放血、手术等方法，因此统称为创伤疗法。其中的治疗技术令人关注，因为传统观念认为中国不善于手术，其实历代都流行外科手术，从华佗刮骨疗毒就是典型的案例，还涉及牙疾、眼病治疗。

（一）针灸疗法

针灸疗法是中医较为流行的治病方法，但仅为治病方法之一，还强调其他治疗方法结合。目前发现两幅针刺治疗的绘画图。

1. 针刺图

图 1-4-1-1　针刺图

该画纸本，高 45 厘米，宽 310 厘米。右有 4 个渤海文字题目，左有四行 36 个渤海文字说明。

室内不少人，其中主人夫妻接待医生，桌上有茶壶、茶盏，主客交谈，屋角有画瓶，又有六人侍候。

病者坐在椅子上，伸出腿，医者拿一锤为其治疗，旁有四人侍候，其中有一侍女。

在一个开间，放一长案，躺一病人，裸露上身，医者为其扎针，后边有一人观看。前面有两人看望。

最左有两行 17 个渤海文字说明。

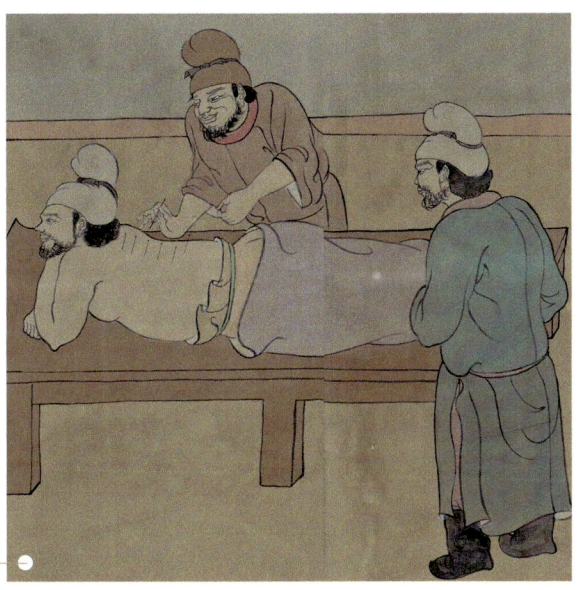

图1-4-1-1-1 扎针

图1-4-1-1-2 锤疗

> **说 明**
>
> 该图有两种治疗方法：一种是医者利用锤子，敲击患者病处，使其经络疏通，恢复健康；另一种是针疗。

图1-4-2 针刺与拔罐纸画

2. 针刺与拔罐纸画

该画纸本，高68厘米，宽320厘米。右侧有两行26个渤海文字说明。又有4个渤海文字纪年。

右边有山、近树，树下有一休息的骆驼，有一人抱草喂骆驼。

有一辆轿车，前坐一人，裸露上身，医者正在他背上扎针，有一助手拿一盘银针。

在一遮阳伞下有一床，背朝上俯卧一人，医者在其背部扎针，一位助手捧一盘银针，还有一人手捧盘茶具。

远山，近树，树下有一桌，一人正处理医具。

左边有树。树下有屏风，其内有两床：一床躺一男子，医者在其背上拔罐；另一床也躺一男子，医者也为其拔罐。床前有一茶炉。有一人捧一手巾盒。在另一床前有一火把，应是点罐子的工具。另一人背上拔有罐子，面对一桌，外有布帐。

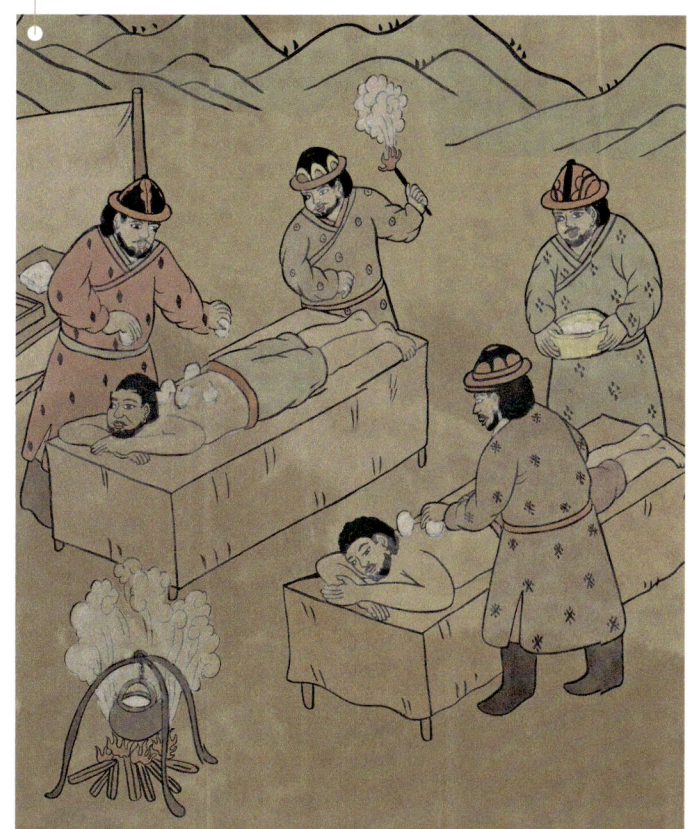

图 1-4-2-1　拔罐

图 1-4-2-2　针刺

3. 针刺与拔罐帛画

图1-4-3 针刺与拔罐帛画

　　该画绢本，高70厘米，宽320厘米。右有两行26个渤海文字说明，下有4个渤海文字纪年。绘图内容同《针刺与拔罐纸画》。

说明

　　在中国传统医疗方法中，有许多不用手术的疗法，特别是内科，如针灸、拔罐就是最流行的疗法。渤海国的《针刺与拔罐图》就是上述疗法的反映。

　　以针灸治病由来已久，可追溯到史前时代。春秋战国时代的神医扁鹊，就是一个针灸大师，名冠各国，后来都继承针灸疗法。唐朝不仅重针疗，还大力培养针灸人才。当时医科分有不少科系，针灸就是其一，设针专士一人、针助理一人、针师10人、针工20人，还有铺针专士、助教等多人，他们都依《经脉孔穴》行针，把针灸疗法发展一大步。

　　当时皇甫谧还著《针灸甲乙经》八卷，是一种针灸方面的汇集之作，根据《素问》《针经》《明堂》三书编成，传到海内外。唐代对中医的总结、医者培训和对外交流多有建树。

　　渤海国与唐朝密切往来，在医学方面也不会相差多少，其中就包括针疗、拔罐等医疗方法。

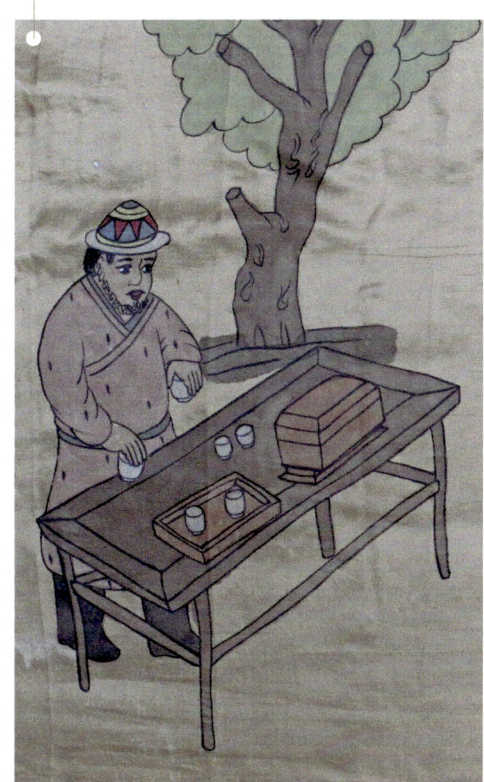

图 1-4-3-1 处理医具

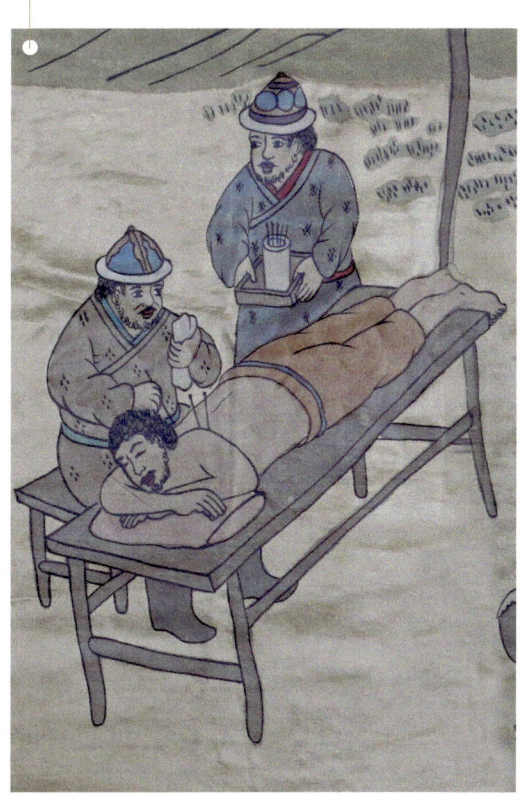

图 1-4-3-2 针刺

4. 僧医扎针图

该图纸本，高 45 厘米，宽 300 厘米。右有 4 个渤海文字标题，又两行 14 个渤海文字说明。自右而左绘有：

有一病人卧在床上，僧医为其诊断，旁有五人观看，其中有两僧人。

一病人坐于木凳上，僧人在其背部扎针，有五人观看，其中有一僧人。

有一病人躺在床上，僧医在病人背部和两下肢扎针。

有一病人坐在凳上，左肩外露，僧医在进行针疗。两人观看。

图 1-4-4 僧医扎针图

图 1-4-4-1 肩部扎针

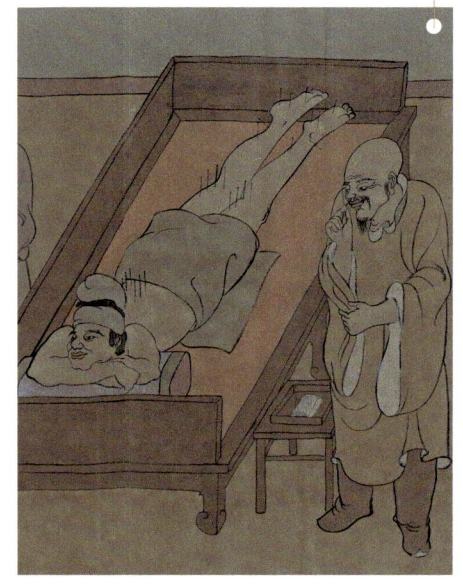

图 1-4-4-2 背部下肢扎针

一病人站立，僧医在按摩其左肩，欲扎针，一官员观看。后边有两行 26 个渤海文字说明。

> **说明**
>
> 针刺是中医常用的医疗方法。在《黄帝内经》中已经有完整的经络理论，对俞穴、针法、刺禁都有说明，还有九种工具及其用法，称为"九针"。长沙马王堆汉墓出土的《阴阳十一脉灸经》、满城出土的金银针具，都是汉代流行针疗方法的物证。东汉的《难经》进一步发展了经络学说，强调"五俞穴""会穴"的临床经验。魏晋时期，皇甫谧编著了针灸专著《针灸甲乙经》，又名《黄帝三部针灸甲乙经》《甲乙经》，共十二篇 128 法，论述了针灸理论和方法，讲人体有穴位 349 个，比《黄帝内经》多 189 个，大大发展了针灸理论和方法。近代针灸技术有进一步发展，僧医扎针图，表明僧医对针灸也有相当认识和应用。

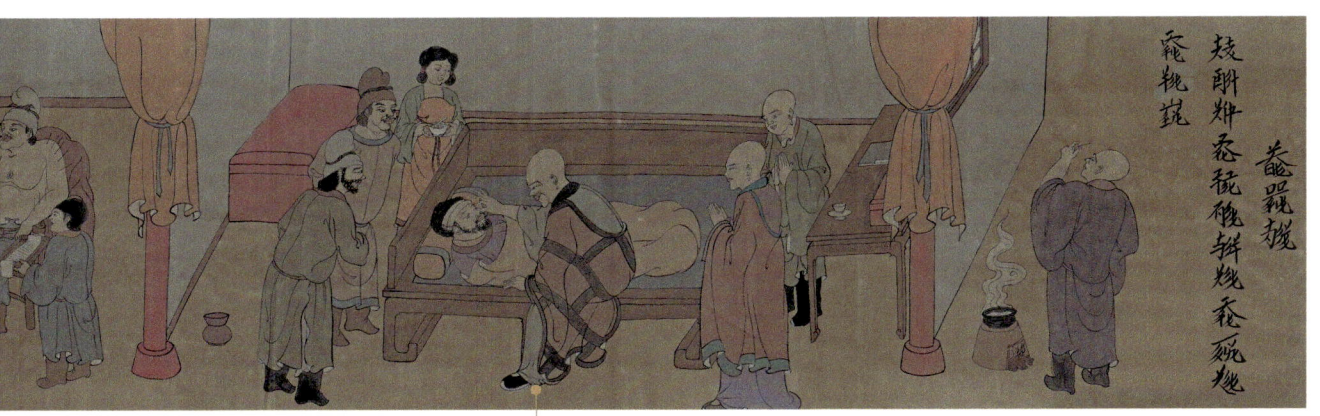

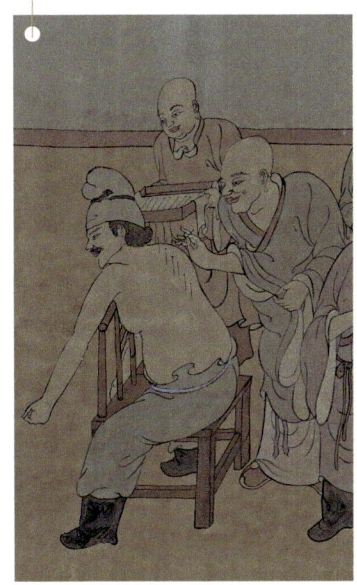

图 1-4-4-3　背部扎针

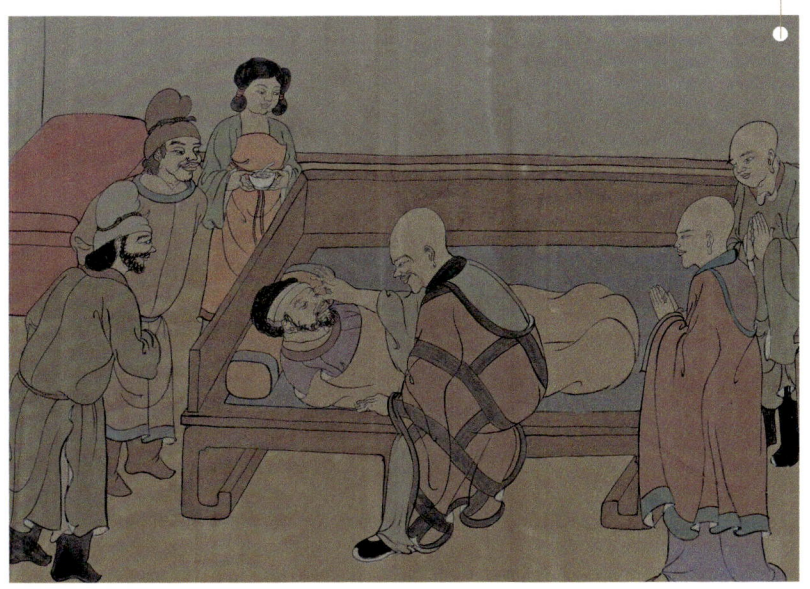

图 1-4-4-4　僧医诊断

（二）放血疗法

放血疗法是很粗俗的诊疗方法，这在古代是不奇怪，现代医学的有些外科技术正是在此基础上发展来的。渤海国流行放血疗法。

1. 针刺放血疗法图

图 1-4-2-1　针刺放血疗法图

该画纸本，高 45 厘米，宽 310 厘米。右有 4 个渤海文字标题，又有三行 30 个渤海文字说明。自右而左绘有：

两匹马，马蹬空悬。

远山，有渤海人迎接外来的医生，共六人，多穿圆领宽衣边的客人。

在一方桌上，有一位卷发、重胡须者为一病人用针刺左臂，一助手握病人右臂，一女人捧针具侍候。还有一人在旁听从调动。

桌上放针具、刀具，一病人坐于桌前，医生为其放血，地上放有血盆，旁有三人侍候。

一病人伸出右腿，医生为其按摩，桌上有杵臼，旁有四人观看。

最后有三行 28 个渤海文字说明。

图 1-4-2-1-1　按摩　　　　图 1-4-2-1-2　放血

说明

　　针刺与放血可以分开进行，也可结合治疗。一般针刺是不见血的，但有些医生用粗针，既是针刺，又兼行放血，血滴沿针孔流出，号称为"飞针"。有一次我遇一位医生，他说能治平我脸上的皱纹，他突然在我前额上施针，流了不少血，令我生畏。其实我不相信上述说法，我老了，脸上有皱纹是正常的，用针刺可去皱纹我更不相信。正如中国传媒大学一位老师所言："脸上皱纹用针一扎，又流血，必然红肿，皱纹会暂时消失，等消肿之后，皱纹又出现了。"此言相当科学。我不怀疑放血法有一定疗效，但我不相信能治百病，针刺消灭不了脸上皱纹。

2. 放血疗法图

该画纸本，高68厘米，宽280厘米。右侧有两行29字渤海文字说明，又有4个渤海文字纪年。自右而左，绘有下列场面：

右侧：远山，近有一大树，树下有一人正在圆盘内碾药，旁有一药盒。医者坐在长桌上为病人号脉，他以笔记录，旁有砚台、书本，旁有四个患者等候号脉，其中一患者还扶手杖。

中间：远山，近一车，有一木桶，近有两人等候，其中一人持汗巾。

图1-4-2-2-1　放血

图1-4-2-2-2　号脉

图1-4-2-2　放血疗法图

左侧：远山，近有一布屏风，其内有一木柱，其上固定一患者左臂。他正坐，由医者开刀为其放血、血流于其下的木盘内，旁有一人持汗巾、一人拿一水盆，一人捂着嘴观看。最左边有一圆形帐房，门外有一风炉，有一人正在烧开水。

说明

从《放血疗法图》分析，渤海国人在治病之前，也要先检查患者病情，方法之一是号脉，确定什么病，服什么药。在该图上还有一个碾药画面，表明吃药是治病的基本方法，但外科和某些内科又要做一定的手术，这在上图中也有反映，即放血疗法。

所谓放血疗法，既是外科方法，又涉及内科。传统医者认为，有些病是瘀血所致，只要把瘀血放掉，病也就好了。《放血疗法图》所反映的放血疗法正是渤海人治病的方法之一。这种方法是中国传统的医疗方法，有一定道理，又不可全信。这种疗法在民族地区有相当市场。我还亲眼目睹过西南藏人欲放血治病的经历。

20世纪90年代初，我们去金沙江畔做社会调查，全组四人，还有两位赶马的，人们称他们为"马脚子"。我们从野鸡嵝子下山时，路过融雪线，路极泥泞，有位女士踩一块鹅卵石，下脚不稳，石头滚动，把右脚脖子扭伤了，立即动弹不得，脚脖子红肿，怎么办？远离医院、村庄，正在束手无策时，两个马脚子则坦然应对，说"放血就好了！"他们认为脚扭会出现瘀血，该血不除，脚脖必然红肿。我们问什么刀？他们说用腰上所带的猎刀。那怎么行呢？必须消毒，他们说"用火烧一下就没毒了。"争论来争论去，只能否定放血疗法。经过不少曲折才到医院治病，手术是不需要的，但"伤筋动骨一百天"，患者在医院休息三个月才出院。从中看出，城里人是不敢用放血疗法的，当地乡下人倒挺相信这种方法。从《放血疗法图》看，古代渤海人也应用放血疗法，只是没有特效麻药，只能把患者手臂拴在木柱上，然后进行放血治疗，其原始性可想而知。

图1-4-2-3 火疗图

3. 火疗图

该图纸本，高46厘米，宽310厘米。右侧有4个渤海文字标题，有三行26个渤海文字说明。自右而左有四个画面：

备药

一人拿烟筒吸风助燃，正在熬药，旁边放柴木、斧子，有一人检查情况。有一长桌，其上放有杵臼，放几摊药。附近有两人备药。

吸液

有一人躺在床上，胸部插一管，从胸部吸取积液，地上有一盆，左边有四人，有人端积液罐，有人在检查病情。右边有三人也配合治疗，医者正拿一被单为患者盖上。

渍液

有一人躺在床上，背朝上，蒙有床单，一医者指挥，一医者往床单上洒一种液体（可能是酒），准备进行火疗方法，地上有一盆。

火疗

有一患者躺在床上，蒙床单，其上有若干火苗，医者正为他进行火疗。旁有五人观看。

左边有三行26个渤海文字说明。

图 1-4-2-3-1 火疗

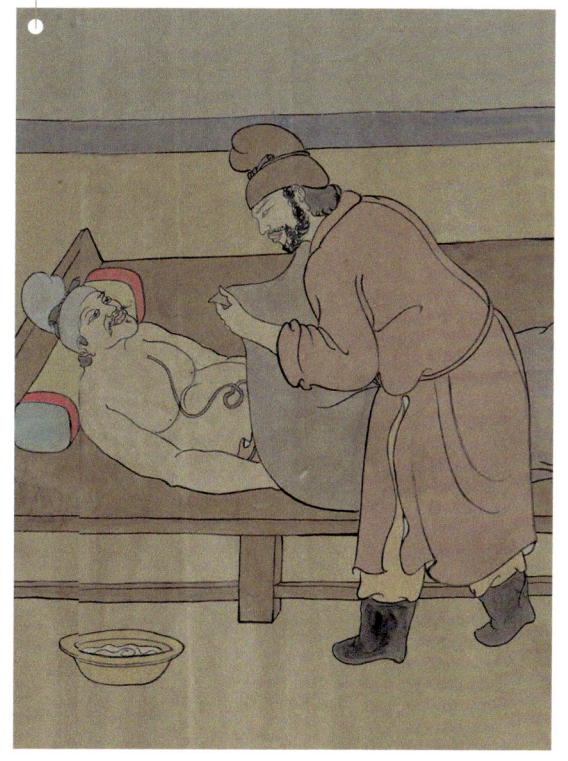

图 1-4-2-3-2 吸液

说明

此图反映了备药、熬药工艺。

在医疗方法上,有两种情况:一种是火疗,可能是以酒为燃料,隔床单烧火,是提高体温还是驱除某种疾病,不得而知。另一种是患者体内有不良积液,当时能以导管吸出,实不简单。导管又是什么制作的,不得而知。

（三）脓疮手术

在外科疾病中，生疮是比较常见的。通常的治疗方法是做手术，即利用刀削去疮疤。这不仅要锋利的刀，还要有麻醉剂。传说华佗的麻沸散最有名，但一般人多不知其然。最流行的麻醉剂是酒。其麻醉程度是有限的，因此重大手术都要把患者的肢体拴在木柱上固定。

1. 切疮手术图

图1-4-3-1　切疮手术图

该图纸本，高45厘米，宽310厘米。右有4个渤海文字标题，又有三行27个渤海文字说明。自右而左绘有：

在一个长帐房内，有三组切去脓疮的场面：

一个病人坐在凳上，后背上方生疮，一医生正在检查，对面人在介绍，一助手捧一盘，上有一碗酒和一把手术刀。

一人在桌上点燃，把手术刀放在灯火上烧烤、消毒。一人坐凳上，上身光着，医生正以酒为其消毒，另一人拿汗巾侍候。

在另一长帐房内，病人坐着露出背上疮，医生手拿手术刀在手术，一助手拿着燃烧的香炷等待消毒。另一凳上坐病人，医生正为他用香炷烧伤口，旁有数人观看。

最后有四行33个渤海文字说明。

图1-4-3-1-1 炷烧伤口

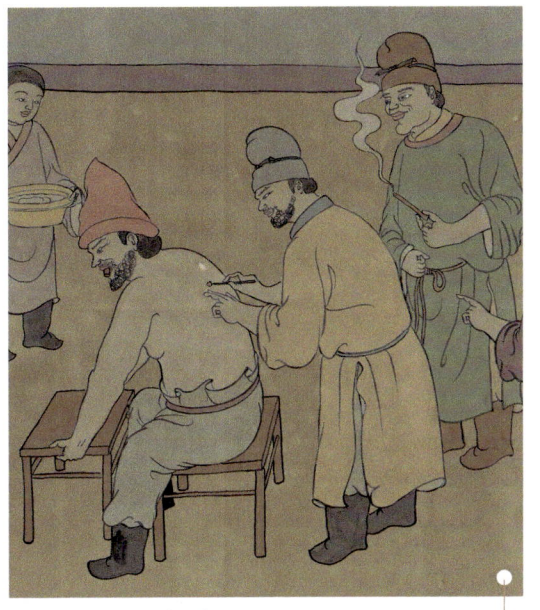

图1-4-3-1-2 切疮

说明

该画反映了三个问题：一是利用酒为麻醉品，依此进行手术；二对脓疮进行外科手术；三伤后容易发炎，此画则以燃火烧烤，防止伤口发炎。

在《辽史·耶律斜涅赤传》中称该人"尝有疾，赐樽酒，饮而愈"。酒历来有麻醉作用，是一种药品，也作麻醉药使用。汉族地区早用麻沸散，谚语说："有了麻沸散，治病如神仙。"传说该药以臭麻子花、臭浦茄花、洋花、曼陀罗等制成，以酒服用。

2. 治疗骨折图

　　该图纸本，彩绘，高 45 厘米，宽 310 厘米。右侧有 4 个渤海文字标题，三行 23 个渤海文字说明。左侧有四行 34 个渤海文字说明。自右而左有几个画面：

　　远山，近有树，树下坐一主人，还有五个随从随之。

　　远山，有一方桌，桌上有药箱、水碗和纸卷。前面地上铺有地毯、枕头，一骨折病人躺在毯上，由一医生为其正骨，其后有两个助手、一个水盆。

　　远山，有一木架，横梁有两铁环。患者双手握铁环，脚底下绑有若干块砖。有一医者扶患者腰部，协助练习四肢。旁有五人观看，还有一方桌，其上放有饮水用具。

图1-4-3-2　治疗骨折图

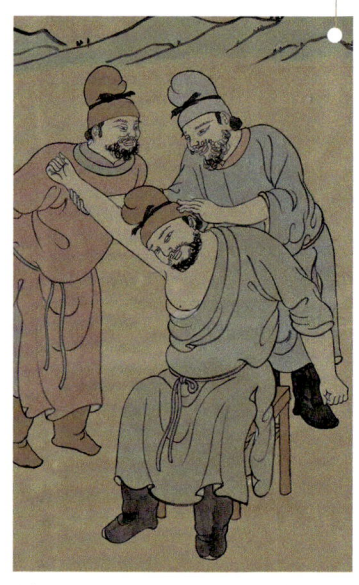

图1-4-3-2-1　头颈部治疗

图1-4-3-2-2　四肢练习

图1-4-3-2-3 正骨

左侧有六人，其中病人坐在木凳上，医者左手按压病人头侧，右手握持着病人右手臂进行治疗。

说明

此图主要是进行骨科治疗，一是为患者治疗左下肢骨折，又用牵引、负重法训练肢体，二是为另一病人颈部治疗。

3. 处理伤口图

该图纸本，高 45 厘米，宽 320 厘米。右有 4 个渤海文标题，又有三行 25 个渤海文字说明。自右而左绘有：

远山，两匹马及两牵马人。

远山，有四人往治病处走去，旁有一炉子，正在熬药，有一妇女端药而来。

有一病人，伸出左腿，下肢上有一伤口，医生正为其缝合伤口，旁有两人观看。上边端药的人正为他送药。其间有一桌，上有手术刀具若干。

图 1-4-3-3-1　包扎

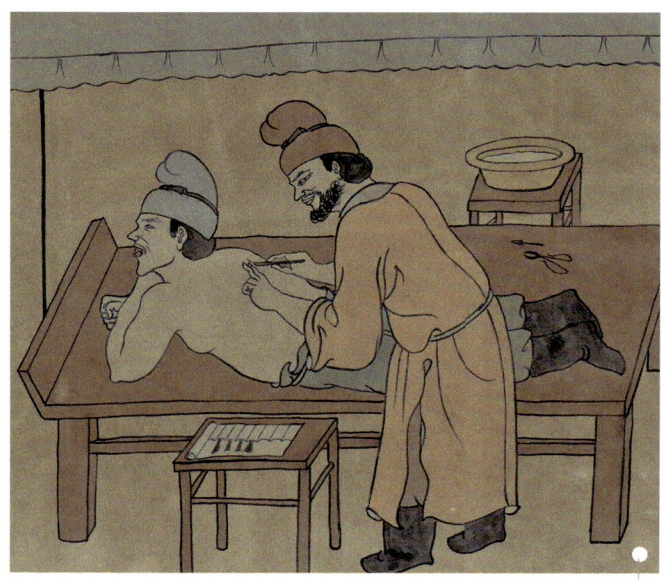

图 1-4-3-3-2　做手术

有一病人躺在床上，旁边凳上放刀具，医生为其背部做手术，旁有两人观看。
站着一病人，外露左臂，医生正为其左臂上缠绷带包扎。旁有四人观看。
最后有三行 26 个渤海文字说明。

> **说明**
>
> 该画不仅有做外科手术的内容，还有两种外科手术的方法：一是对较大伤口进行缝合，所用的线应该是筋类线；另一种方法是利用布带对伤口进行包扎，防止感染。这是当时外科技术的重要进步。

图 1-4-3-3-3　缝合伤口

（四）其他疗法

在渤海国医疗绘画中，也有两幅治疗眼睛和牙齿内容的图画。

1. 解蛇毒图

该图纸本，高 45 厘米，宽 310 厘米。右有 4 个渤海文字为题目，又有两行 15 个渤海文字说明。自右而左绘有：

远山、近树，树上拴一马。

在桌子上，有一人捣药，另一人取蛇毒，桌上一碗盛蛇毒。

图 1-2-4　解蛇毒图

地上有一箕篓，应该是装蛇的工具。旁有五人观看。

有一人坐于岩石上，左腿伸出，有伤口，医者从上方挤腿，可能是蛇咬伤，在挤出蛇毒，附近有四人围观。

有一病人坐于椅子上，伸出左臂，医者正以蛇皮为其包扎伤口，说明蛇也可治病，附近有三人观看。

在一凉亭内，站一人往外看。

最后有三行 25 个渤海文字说明。

图 1-2-4-1　蛇皮包扎伤口

图 1-2-4-2　取蛇毒

图 1-2-4-3　医治蛇毒

2. 治牙图

　　该图纸本，高 45 厘米，宽 310 厘米。右侧有 4 个渤海文字为题，有两行 16 个渤海文字说明。

　　图右有六人，面见医生，其间有桌子，上有茶壶、茶盏，医生后有一助手。

　　图中为诊断场景。在一个大床上，一人张口迎向请医生，医生右手拿一棒状工具检查病人牙齿，旁一桌上有茶具，医生后有四人观看，还有一妇女抱一小孩。左有一少年坐在凳子上，医生托其左手臂为治疗，旁有四人。

　　左边外间，少年脖挂绷带吊着左手，医生把包好的药交给主人。

　　最后有三行 27 个渤海文说明。

图 1-4-4-1　治牙图

说 明

这是少见的治疗牙病的绘画,但是怎么治疗牙病就不清楚了。唐代已经有牙刷和牙粉,讲究刷牙。《外台秘要》:"每朝杨柳枝咬头软,点取药(牙粉)揩齿,香而光洁。"牙粉是由升麻、白芷、藁本、细辛、沉香、寒水石等制作。

图1-4-4-1-1　检查牙齿

图 1-4-4-2　僧医眼疾图

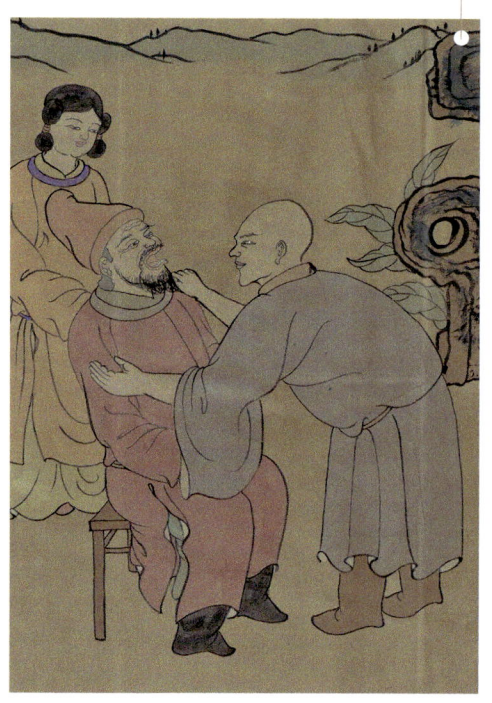

图 1-4-4-2-1　僧医检查眼疾

图 1-4-4-2-2　僧医询诊

3. 僧医眼疾图

该图纸本，高 45 厘米，宽 310 厘米。右有 4 个渤海文字标题，又有四行 36 个渤海文字说明。自右而左绘有：

远山，近有亭，僧医与主人交谈，有两人观看。

远山，有一长桌，僧医在画眼球，附近有五人看望。

一位僧医为一病人检查眼睛，附近有一妇女边蒙眼睛，边请一僧医看病，附近有五人围观。

远山，有岩石。一僧人为一病人看指脉。

远山，近有岩石，一病人坐着，医生正在为他看眼疾。

最后有三行25个渤海文字说明。

说明

该画有两点值得注意：

一是有一位僧医把握病人手指号脉，从而改变了手腕把脉、悬丝号脉的简单看法，事实上，号脉部位较多，常用处有手腕、下颚、脚腕，还有通血脉的地方。方法除腕部切脉、悬丝号脉外，还有指骨脉、颌头脉、指脉等等，只是有些方法失传了。

二是治疗眼睛疾病，画上不仅有检查眼睛，还由医生绘画眼病部位，最后采用药服法治疗，画上就有抓药的场面。

眼科的发展可能受外来影响。隋唐时期，由于外来文化的影响，来华印度人不少，也带来的印度眼科医疗知识。鉴真就请印度医生治疗过眼疾。刘禹锡《赠眼医婆罗门僧》就歌颂过用针拨除白内障医生。《外台秘要》中有"天竺经论眼"。《太平御览》引《闻奇录》："金州防御使崔尧封，有亲外甥李言吉者，左目上睑忽痒，而生一小疮，渐长大如鸭蛋，其根如弦，恒压其目不能开。尧封每患之，他日饮之酒，令大醉，遂剖去之，言吉不知觉也。"上述眼科手术已经使用酒为麻醉剂。

当时不仅能做熟练的眼睛手术，也会安装义眼。《吴越备史》："唐立武选，以击球较其能否，置铁钩于球杖以相击。周宝尝与此选，为铁钩所摘一目，睛失。宝取眼吞之，复击球，获头等，遂授经原敕，赐木睛以代之。一日晨起，木睛坠水，弃之。木睛莫知何木，置目中无所碍，视之如真睛矣。"

图1-4-4-2-3 记录眼疾

五 健身运动

传统中医都强调运动养生。在生病之前就要讲究饮食、运动，防病发生，治疗"未病"。其中运动方法有两类：一类是比较安静的活动，如养花、玩宠物、下棋等；一类是比较耗费体力的运动，源于五禽戏，主要有举重、摔跤、射击、赛马和各种球类游戏。以上就是运动疗法或体育疗法。

中国最早的体育疗法应该追溯到"五禽戏"，又名五禽气功、五禽操、百步汉戏，它是模仿五种动物的动作而得名。其中虎势能使身体健康，加强肌肉、骨骼、腰部关节功能；鹿势能引伸筋脉，益肾，增进行走能力；猿势能使脑筋灵活，记忆力增强，发展灵活性、开阔心胸；熊势能增强脾胃功能，增强力量；鹤势能增加肺活量，提高平衡能力。

五禽戏为华佗所编，但已经失传。六朝时陶弘景编《养性延命录》，收有"五禽戏诀"。在马王堆出土有"导引图"。过去《内经》《庄子》上有熊经、"鸟伸"等记载，也涉及动物运动，均讲其能舒筋活血、健身治病。渤海国利用健身运动是必然的。我们在渤海国医疗绘画中，也发现不少健身运动绘画。

1. 举重图

该图纸本，高 70 厘米，宽 500 厘米。右有两行 27 个渤海文字说明，又有 4 个渤海文字纪年。

右边有一骆驼，停一车，有两人在休息。

远山，有树若干。有一布帐，内搭一圆帐房。外撑伞，主人坐于伞下，还有助手三人，他们在看举重表演。

左边为举重场面。

图 1-5-1　举重图

图 1-5-1-1　举重表演

其中有一人举小红旗当裁判。地上放有石头举杠，有两人正在举杠子。有一人欲举起杠子。这些举重者，皆卷发、浓胡子，应是中亚人，为外来选手。主人们是本地人。旁有三人观看。

说 明

举重是健身的方式之一，在民间广为流传。

图1-5-1-2　举重表演

2. 摔跤图

　　该图纸本，高 42 厘米，宽 205 厘米。右侧有三行 25 个渤海文字说明，又有 4 个渤海文字纪年。

　　中央有两人摔跤，皆卷发，上身赤露，穿短裤，光脚，这是看者中心。

　　右侧伞下坐两人观看，又有八个随员也在观看，其中有拿骨朵者。

　　左边有一人击鼓助兴，又有四人观看。

图 1-5-2　摔跤图

> **说明**
>
> 　　摔跤也是民间常见运动方式，该画的特点是有击鼓助兴，观看的人也多，说明摔跤是人们喜闻乐见的运动方式，在北方民族中极为流行，近代蒙古族善于摔跤，可能就渊源于此。

图1-5-2-1 观众

图1-5-2-2 摔跤

3. 射靶图

该图纸本，高70厘米，宽500厘米。右有两行28个渤海文字说明，4个渤海文字纪年。

远处有群山。

右边围以布帐，搭席棚。主人坐在椅子上，后有一人打伞，一人拿骨朵，一人佩刀。

在广场中央立一木靶，上为方板，中央绘靶心。右侧有两人拉弓射靶，正中一箭在靶心上。靶旁站一人，以小三角旗指挥。旁有两棵大树。

图 1-5-3　射靶图

图 1-5-3-1　射靶

图 1-5-3-2 观看射靶

左边也有远山，近有一主人坐着，前边有一桌子，其上放茶壶，旁站两随从，其中一人捧壶，一人抱食盒。在前有一人捧一盘，内盛几卷钱，应是礼钱。

再左有三人跪向主人，都佩弓箭，向主人领取赏钱。旁又坐两人，其中一人帽子上有联珠纹装饰。

最左边有一棵大树。

说明

射击是由狩猎的拉弓射箭发展来的，设有木靶，可步射，也可骑射。这种运动既可进行健身，又是狩猎技巧的演练。

图1-5-4 马球赛图

4. 马球赛图

该图绢本,高42厘米,宽370厘米。右有3个渤海文字标题,三行23个渤海文字说明,又有4个渤海文字纪年。

左边远有山,近有树。

场中央有五人对五人打马球比赛。

右边有三人观看,其中一人骑马。最左边有两人骑马观看。

> **说明**
>
> 马球原称波斯球,因起源于波斯游牧民族而得名。三国时传入中国,曹植在《名都赋》中曾提到马球,到唐代马球十分流行,除长安、洛阳外,也传到周围边远地区,其中就包括渤海国。不过,马球运动比较危险,没有良马和训练有素的马是玩不了马球的。唐代除了吸收外来马球之外,也改进了马球运动,即弃马打球,从而出现捶丸式步打球,这也是渤海国的球戏之一,也有类似绘画出现,即《步打球绘画》。

图 1-5-4-1　马球赛

5. 蹴鞠图

该图绢本，高45厘米，宽400厘米。右有三行27个渤海文字说明，又有4个渤海文纪年。

画面中央为球场，中央立一门，球孔在两柱上方的横梁上。

双方各有六人踢球。

每侧后边都有一个击鼓人，这是击鼓蹴鞠。

图 1-5-4-1　击鼓

图 1-5-5　蹴鞠图

远处有山，近为球场。

左边有一圆形帐房。房前有四人看比赛。

> **说 明**
>
> 这是一个比较典型的蹴鞠比赛，但有一定特点，如中间设大门，球孔在上方，双方都有击鼓助威者。
>
> 蹴鞠是中国传统的球戏，既是娱乐，又能健身，为历史悠久的体育娱乐方式。它原本为中原发明，也传到外地，渤海国喜欢玩鞠球，表明华夷同风。

图1-5-4-2　踢球

6. 滑雪图

　　该图纸本，高 68 厘米，宽 500 厘米。右有两行 25 个渤海文字说明，下有 4 个渤海文字纪年。自右而左有若干画面：

　　远山，近树，有帐房，多积雪。搭帐房外，有人在锯大树，有人在破材，准备制作滑雪板材料。

　　远山，树上积雪，有人在桌子上破材，组装滑雪板。其中在滑雪板上安两立板，以便夹住鞋、靴。

图 1-5-6　滑雪图

图 1-5-6-1　滑雪

另一人在立板处拴绳子，以便拴在靴子上。

远山，近树，地上积雪较多。有4个人各穿一双滑雪板，在雪地上滑雪。

> **说明**
>
> 冬季降雪以后，渤海国居民最喜欢在冰雪上运动。本画是穿滑雪板，在雪地上滑行。

图 1-5-6-2　制作滑雪板

图1-5-6-3　加工木材　　　　图1-5-6-4　加工木材

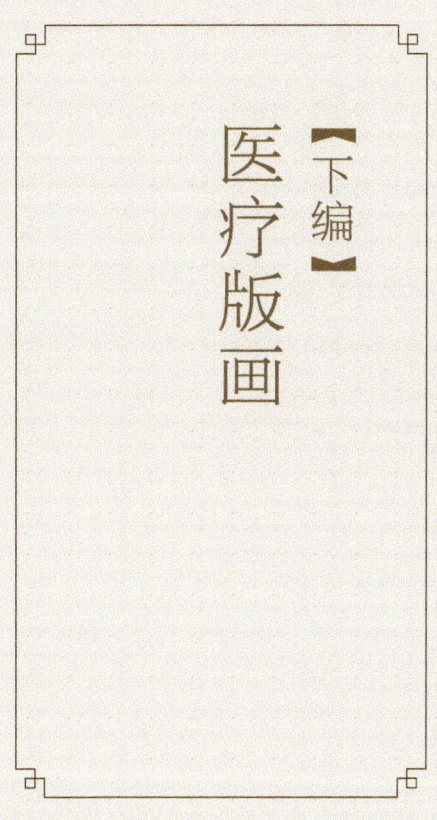

【下编】医疗版画

中国何时有雕版印画，过去争论较多，多数专家认为雕版印刷始于唐代。我们发现一批唐代渤海国医疗雕版画，又证实了上述观点。笔者所得到的版画，皆为纸本，实为雕版的拓片，都以绢裱糊，内容涉及疾病检测、草药加工、无伤疗法、创伤疗法和运动疗法，其中有些与上述医疗绘画更相近，是研究当时医药文化的宝贵史料。

一 疾病诊断

下编 医疗版画

　　如同渤海国医疗绘画一样，该版画也有不少诊断患者疾病的内容，除了望诊以外，还有各种号脉方法，如腕脉、指脉、悬丝号脉等。也有具体检查方法，从而确定病情，开始进行对症下药。

1. 望诊图

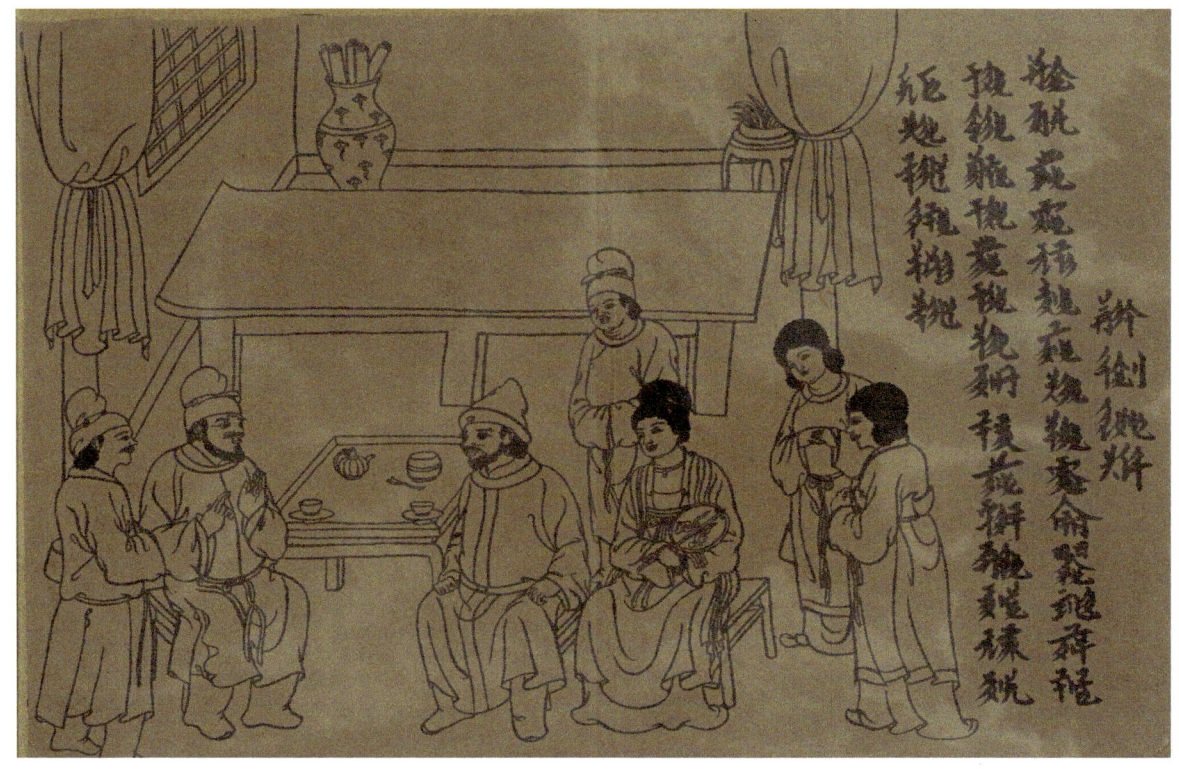

图 2-1-1　望诊图

该图纸本，包绢，雕版印刷。高 41 厘米，宽 59 厘米。右侧有 4 个渤海文字标题，又有三行 36 个渤海文字说明。

在室内，挂帐，有一长案，还摆一画瓶，内有若干卷轴画。

长案前有一方桌，其上有茶壶、调料盒、茶勺和两个茶碗。桌两边坐一伙人：一伙在左，是医者及其助手，医者还举手交谈；另一伙是主人，还有内眷和随从，共五人。其中两男三女，男女主人并坐凳上，女主人还持团扇。

望诊是通过病人面色及其表情，观察患者的病情。《三国志·魏志》："盐渎严昕与数人共候佗，适至，佗谓昕曰：'君身中佳否？'昕曰：'自如常。'佗曰：'君有急病见於面，莫多饮酒。'坐毕归，行数里，昕卒头眩堕车，人扶将还，载归家，中宿死。"此处说的是严昕得了高血压中风而亡。这是典型的望诊疗法。

2. 牙医看病图

图 2-1-2　牙医看病图

该图纸本，包绢，雕版印刷。高 41 厘米，宽 59 厘米。右侧有 4 个渤海文字为标题，又有两行 15 个渤海文字说明。

左上方有一桌，其上放茶盒、茶壶和茶盏，桌子边放两个圆凳。

正中里边有一大床，坐一病人，医者正在检查病者牙齿，进行牙疾治疗。

左下方有三男子观望。

右下方有六人，应该是病人家人，其中有女眷三人，还有一个小孩。

说明

牙医治病，主要利用亲自观察患者的牙齿状态，从而确定治疗方法。它也是望诊方法的扩大。

3. 切脉图

图 2-1-3　切脉图

该图纸本，雕印，包绢。高 41 厘米，宽 59 厘米。又有两行 14 个渤海文字说明，有 4 个渤海文字的题目。

远处有山。右边有一棵大树。树下蹲一人，用圆形药碾碾药，旁边有小碾具。

远处有一车。近处有一方桌，桌上有一叠药书、笔架、砚台，医者坐在桌边，右手持笔，在桌上铺纸上开药方，左手为病人号脉，其下为脉枕。

医者背后有四个男子，戴圆帽，梳短发，穿右衽长袍，袍上有花，下着靴。其中有一人端水杯，为医生送水。

> **说明**
>
> 该图是典型的腕脉检查方法，明确病情后，由医者开药方，抓药治疗。在患者手腕下边也用枕头，俗称脉枕。笔者查阅了解过渤海国、辽国脉枕，多以杂玉制成，内部掏空。

4. 号脉图

图 2-1-4　号脉图

该画纸本，包绢，雕版印制。高 41 厘米，宽 59 厘米。右侧有 4 个渤海文字标题，又有三行 44 个渤海文字说明。

在室内，墙角放置一衣箱。室内放一长桌，其上放笔、笔架、砚台，铺一张纸，待写病历。桌内坐有医生，他仰首静思，以左手为病人号脉，病人坐在桌子右边，伸出右手请医生摸脉，其下有脉枕。桌左有一四脚圆凳。桌前方也坐一人，面对医患双方。

在左下角，有两男一女围看。

病人后边有两佣人侍候。

右下角有四人，两男两女，其中女主人持团扇。

说明

号脉是最通常的诊断疾病的方法，此图生动地展示了现场。

5. 号脉熬药图

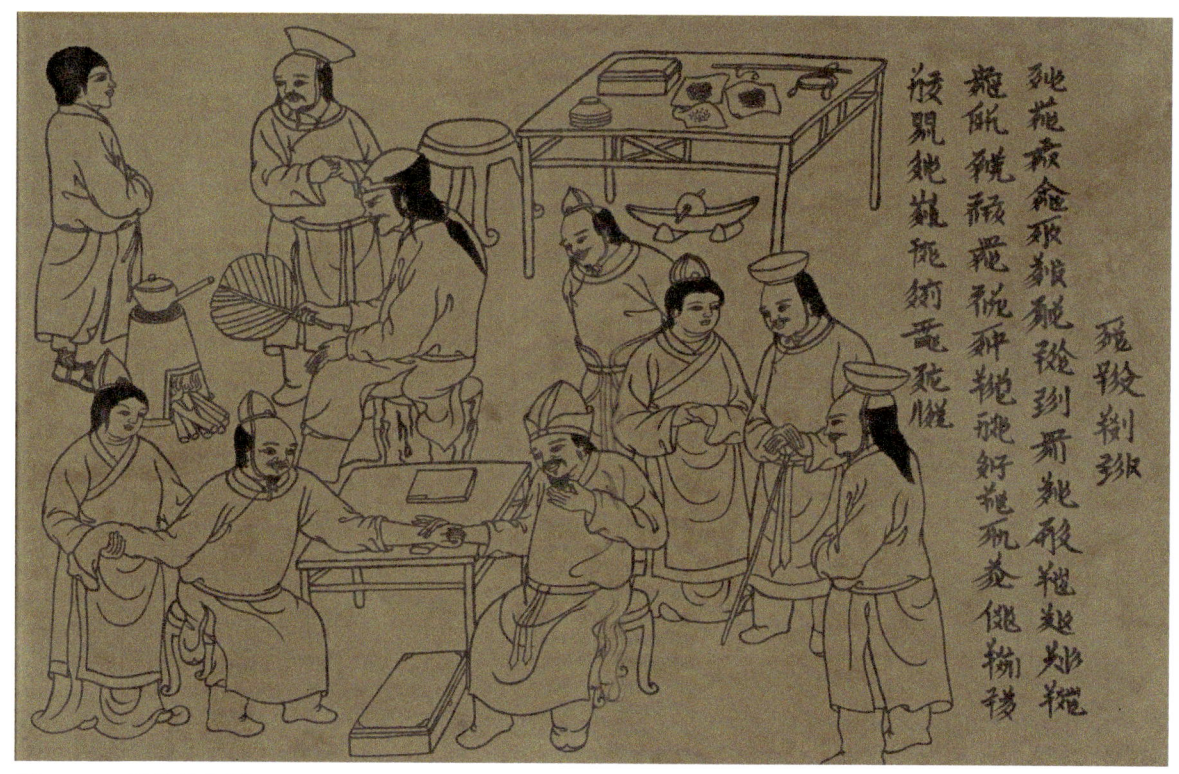

图 2-1-5　号脉熬药图

该图纸本，包绢，雕版印制。高 41 厘米，宽 59 厘米。右侧有 4 个渤海文字为题目，又有三行 41 个渤海文字说明。

画面正中有一方桌，桌上有一叠纸，左边坐病人，伸出左手，由医者号脉，下有脉枕，桌下有踏几。病人右手由一侍女扶持。在右边有四人围观，其中有一女子，两男子戴碗帽。

后边右侧有一大方桌，桌放有药盒、秤子、膏药、茶碗。桌下有一船形药碾。

左边有一风炉，上有一药壶，有一人持扇正在熬药，另外有一男一女围观。

> **说明**
>
> 该画主要是由医生号脉，诊断疾病。另外有碾药、熬药等场面。从文物上看，渤海国和辽国的药碾多为圆形，此画的药碾则为船形，与后来的药碾一样。

6. 悬丝号脉图

图 2-1-6　悬丝号脉图

该图纸本，包绢，雕版印制。高 41 厘米，宽 59 厘米。

右侧有 4 个渤海文字为题目，有两行 29 个渤海文字说明。

画面主要是悬丝号脉。左侧为木床，上搭蚊帐，床上有长枕，躺一女子，她左手伸露于外。手臂上拴一丝线，引伸到右边医者手中，医者左手牵丝，其下为脉枕，右手扶丝号脉。医者与病人中间，还站一男一女。

在上述场面前边有五个人。中央为一人，伸出双臂，指挥两男子，左侧男子身后有一女子，右边男子身后有一人，捧着药箱向医生走去。在女人床下，有一踏板。

说明

悬丝号脉，早在埃及刻石上就有了，可能起源于医者为法老内眷的诊断疾病。一般人并不一定悬丝号脉，但后来的信仰伊斯兰教的人们，男女授受不亲，妇女的身体是不能让人看见的，自然不能让医生触碰身体，悬丝号脉可能为伊斯兰人所崇信。这一点也为突厥人、回鹘人所接受，很可能通过中亚而传到东方，渤海国的悬丝号脉可能是如此传入的，也说明这种号脉方法最早在唐朝边地，包括渤海国在内所接受。

7. 额脉图

图 2-1-7　额脉图

该图纸本，包绢，雕版印制。高 41 厘米，宽 59 厘米。右有 4 个渤海文字标题，又有两行 16 个渤海文字说明。

右上角有一圆形帐房。

房外有一病人坐在木凳上，双手放在膝盖处，医者用双手在病人太阳穴处按摩，医者身后有一把椅子。其右，有一人捧一木盘，盘内放有汗巾。

右上角坐两排共四人，等候按摩。其中有一人抱一礼盒。

右下角有一风炉，其上烧开水，壶上方蒸气滚滚。有一人用扇子煽风助燃。附近有一人捧一茶盘，内有两个茶碗，供医者和病人饮用。

> **说明**
>
> 额脉指医者以手按头部额部血脉从而断定病情，这是号脉方法之一，多不使用。据满族医药传承人常纪庆说，民间也有用额脉诊断疾病的方法。

8. 僧医指脉图

图 2-1-8　僧医指脉图

该图纸本，包绢，雕版印制。高 41 厘米，宽 59 厘米。右侧有 4 个渤海文字为题目，又有两行 25 个渤海文字说明。

远处有山，近处有僧医为民众看病。

右上方，一位僧医为一位男性长者看牙齿疾病，后有一侍女陪同。

右下方，有一妇女蒙住右眼，请僧医检查左眼疾病。旁有三人围观，其中有两位侍女，病人可能为主妇。

在左下方，有一僧侣正为一病人看其右手，以此检查病情。附近有六人围观，其中有五男一女。僧医披着袈裟。

> **说明**
>
> 佛教中保留不少医药知识，僧医不仅为寺院内部人看病，也为世俗人看病。其中就流行指脉，即以看、捏手指检测患者得什么病，以便确认治疗方法。元代敖氏在《金镜录》介绍伤寒舌法十二首，附图十二幅，也是通过舌脉看病，这是望诊方法之一。当时杜本又在此基础上，补图二十四幅，著有《敖氏金镜录》为舌诊大全。

9. 检查腿伤图

图 2-1-9　检查腿伤图

该图纸本，包绢，雕版印制。高 41 厘米，宽 59 厘米。右边有 4 个渤海文字为标题，又有两行 23 个渤海文字说明。

在画面中央有一矮桌，其上放医书、笔和水碗。

地上铺一毯子，一端有枕，躺一病人，面朝上，伸出右腿，膝盖有疮还流血水，医者正扶病人下肢检查病情。

左边有四人观看现场。

右边坐着主人，在松树下，有一持杖者守护身边，后边有家眷守护。

右下角站立两人，两男，一人手握一药罐，一人持汗巾等候。

> **说明**
>
> 腿疾有内部骨折和外部生疮。本画应该是骨折，医者只能通过手摸检测骨折情况，从而找出正骨方法。

二 药材加工

最早的医药著作是《神农本草经》，相传先秦时期成书，收集365种药材。陶弘景（456～536）又补充365种，共730种，形成《本草经集注》。唐代又出现了《唐本草》，全书54卷，共收药材850种，总结了唐以前的药物知识，文图并茂。

隋唐以前，医者多为药者，对医药都是自采、自制、自用。后来才有药材专门加工，出现了药典。药材加工有三个目的：一是去不净，洗污，留有药材；二是经炮、灸、蒸、晒、渍等手段，去毒增效用；三是加工为一定形状。所有古代药书都有药材加工方法，刘宋时雷敩的《雷公炮灸论》最为重要，但该书已遗失，近代才辑成《雷公炮灸论》，共有药288种。本书所收这批渤海国的医药雕版画和绘画都极其珍贵，不仅补充了有关医典的不足，也大大丰富了中国药材发展史。

1. 草药加工图

图 2-2-1　草药加工图

该图纸本，后包绢。高 41 厘米，宽 59 厘米。是雕版印的草药加工图。

远处有山，长有草丛。

右侧有 5 个渤海文字标题，有两行 21 个渤海文字说明。

画面较复杂，包括几部分：

正中有一长桌，一人正在分药，共四包；在另一桌子旁，站一人，正在铺晒药材；分药者后边，有两个各持一圆簸箩，端药材而来；桌子左边有一人正以圆形药碾子碾药。

桌前有两组图案：一是有两个圆筐，内盛药材；一是地上放三个木桶，各有铁环，一人正以木杵在一个木桶内捣药。

在最后一处，有若干药盒，应该是盛成药的盛具。

说明

该图有晒药、碾药、舂药、包装等工艺过程，反映了草药制作情形。宋代制药技术十分讲究，宋神宗时在太医局下设熟药所，专事制药、出售。宋徽宗时又设卖药所"修合药所"，使制药专门化。

2. 取蛇毒图

图 2-2-2　取蛇毒图

该图纸本，包绢，雕版印刷。高 41 厘米，宽 59 厘米。右侧有 4 个渤海文字为题目，有一行 15 个渤海文说明。自右而左有若干画面：

远处有山。

右边有一棵松树，下站一马，备有马鞍、马蹬。前站两人，其中一人举手作讲说状。

中央有一桌，一面有一人以杵臼做药。另一人手握一蛇，取蛇毒，桌上有一盘，应是放蛇毒的器皿。桌下有一葫芦状箕篓，应该是盛蛇工具，旁有一人观望。

左边有山有树。近有四人在交谈，其中一人胸前抱一罐前来。

> **说明**
>
> 该画讲述了以竹篓捉蛇、提取蛇毒为药的工艺过程。

3. 做膏药图

图 2-2-3　做膏药图

　　该图纸本，包绢。高 41 厘米，宽 59 厘米。右侧有 4 个渤海文字为题目，又有两行 16 个渤海文字说明。整个图案为制作膏药的图像。

　　远处有山。

　　近处有两个长桌：一个桌子上放两摊草药，四付膏药，一人正以杵臼制膏药。其右有一人捧一盘膏药欲去。其背后有一人坐于凳上，一人在其右肩上贴膏药。

　　在桌左边，卧有一只波斯犬。再左为一付担子，挑两个木箱。

　　有一人在桌子上铺不少膏药，还有一木箱。有一人捧一盘膏药前来，供其晾晒。

　　在桌子对面，有一人坐于凳上，上身赤裸，有一医者在病人左、右肩上各贴一付膏药。医者又拿一付膏药欲贴在病人身上。

> **说明**
>
> 　　该画介绍了膏药制作及贴膏药过程。

4. 药纸浇注图

图 2-2-4　药纸浇注图

该图纸本，包绢，雕版印制。高 41 厘米，宽 59 厘米。右侧有 3 个渤海文字为标题，又有两行 24 个渤海文字说明。

远处有山，近处为纸加工作坊。

左上方为煮纸浆锅，一人在搅拌。一人利用浇注法造纸。一人在晾纸张，在其旁边的木架上也晾两张纸。

右上方，在木架上搭一纸，有一人正往纸上涂药水，使其变色。旁有一人观看。

右下角有一车，有两个人正把染过的纸放车上，车上有一摞色纸。有一人在旁擦汗。在车下方，有一包纸，扎好待运。有一人站在纸包附近，当为折纸人。

> **说 明**
>
> 该图介绍了药纸必须加药材，而且采用了浇注造纸法，这一点与传统的抄纸法截然不同，能造长幅纸。

5. 加工药纸图

图 2-2-5　加工药纸图

该图纸本，包绢，雕版印制。高 41 厘米，宽 59 厘米。右有 4 个渤海文字标题。又有两行 26 个渤海文字说明。

一人将原来一卷纸切成纸条。一人用剪刀把纸条剪成碎纸。

两人在锅内煮纸浆，其中一人以木棍搅拌。

在一个锅灶上有三口锅，由一人将纸药倒入锅内，灶外也有烟囱。一人把药纸浆倒入另一桌子的方盘内，进行浇注法制作药纸。一人在桌上切纸，使纸成为长方形，旁有一人观看。

在左边一个长木架上，对纸进行晾晒，已有三张纸在晾晒之中。

说明

药纸用于治病和包药，所以要在造纸的基础上，另外加工造纸，相当于制作加工纸。

6. 造纸加药图

图 2-2-6　造纸加药图

该图纸本，包绢，雕版印制。高 41 厘米，宽 59 厘米。右侧有 3 个渤海文字标题，又有一行 13 个渤海文字说明。有几个画面：

切纸：在右下角，一人在桌上把整纸卷切成条，另一人用剪刀把纸条切成小块。

煮纸：在上方有四个灶炉，还有两个烟囱，进行煮纸，有一人进行搅拌，另一人往纸浆锅内撒药材。

浇注制纸：一人用勺子舀纸浆，倒在纸帘上，进行浇浆造纸，与抄纸法不同。

切晒纸：在右下角有一人把造纸切成一定形状，然后晒晾，落在左上角纸架上，附近有两人观看切纸。

> **说明**
>
> 药纸必须加入药材。

7. 做牛皮图

图 2-2-7　做牛皮图

该图纸本，包绢，雕版印刷。高 41 厘米，宽 59 厘米。右侧有 4 个渤海文字为题目，又有两行 27 个渤海文字说明。画面为制作牛皮过程。

下边有一胡人，牵来两头牛，皆蒙住牛眼，与主人交接。

宰牛之后，把牛后腿挂在木架上，进行剥牛皮，有一人持刀操作。

取下牛皮后，放在大缸内浸泡、发酵，有一人正在缸内搅拌之中。

右上方有一人把牛皮挂在木架上，然后用刀刮下牛毛，制成光板牛皮。

又一人把牛皮摊开、晾干，挂在木架上，左上图中就有这种形象。等牛皮晾干后，切成方形成品，叠在一起了事。

说 明

以牛皮为书写材料，写成牛皮书，应该是外来文化，这一点首先为医药界所引入。

8. 讲解草药图

图 2-2-8　讲解草药图

该图纸本，包绢，雕版印制。高 41 厘米，宽 59 厘米。

远处有草地，有一个圆帐房。右侧有一车。有两人持簸箕盛草药归来，地上还有一筐药。

正中放一长桌，其上有两种药材。在左侧立一竿，其上挂一卷轴式草药图，由一人持书讲解，手指草药图。地上坐多个人倾听讲解。

在讲课人后面，又有一桌，桌上有一冒气的茶壶，还有一烟盒。桌边坐一人，应该是另一先生。在桌前放一筐，内有草药。

右侧有 4 个渤海文字为题目，其左有两行 18 个渤海文字说明，汉意为草药讲解图。

说明

该画讲的是医药传授，有一师，当然是药师，正在为几个学生讲授草药。有趣的是，在老师讲课时还有一个草药挂图，这种教具远在唐代就出现了，可惜目前还没见过草药挂图，但看见了用草药图传授知识的绘画。

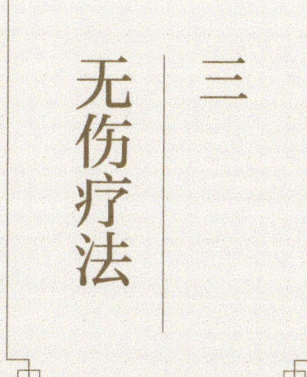

三 无伤疗法

在渤海国的医疗版画中，有不少进行看病的内容，如果按创伤与否分类，可以分为两大类治疗方法：一类是无创伤疗法，另一类是创伤疗法。前者有按摩、刮痧、赶疗、拔罐、药浴、熏疗、火疗和民间宗教疗法。

1. 按摩上肢图

图 2-3-1　按摩上肢图

该图纸本，包绢，雕版印制。高 41 厘米，宽 59 厘米。右有 4 个渤海文字标题，有三行 37 个渤海文字说明。

室内帐前为一治病场面：一个患病男子坐在床前，举起左手，医者以双手为病人左肢按摩。其后有一长桌，上有茶壶和两个茶碗。

左下角，站一人，又一人捧一水盆前去。

右下角，有一主人走前引导三个人向左方走去。

右上角有三个人，其中有一女眷，又有一人手捧围巾送给客人。

> **说明**
>
> 该图有两点值得注意：一是进行按摩，具体是按摩左肢；另一点所送的礼品，就是围巾、围脖，后来传入西藏为"哈达"。该具应该是北方寒冷地区民族的发明，因防止脖子寒冷而来。

2. 按摩抓药图

图 2-3-2　按摩抓药图

该图纸本，包绢，雕版印制。高 41 厘米，宽 59 厘米。右边有 9 个渤海文字标题，又有两行 27 个渤海文字说明。

在上方，有一位少年坐在木凳上，有一位医者正在为他按摩左臂，有人围观，其中有两位女人，有一老妇还在抚摸病人。

右上角有一桌子，其上有茶壶和两个水碗，供人们饮用。桌旁有一方凳。

右下角有一屏风，其左有一桌，放置药盒和水碗。桌旁有一妇女抱着小孩，与人交谈，看来也是来求诊的。

下有两人，一人向另一人交草药包，这是看病抓药的反映。

左下角有四人，其中有一位儿童，都在目视抓药人。

说明

按摩是一种治疗方法，此图描绘的是医者为一少年左臂进行按摩，还有抓药场面，说明按摩与吃药是结合进行。

3. 刮痧疗图

图 2-3-3　刮痧疗图

该图纸本，包绢，雕版印制。高 41 厘米，宽 59 厘米。右有 4 个渤海文字为标题，又有两行 30 个渤海文字说明。

在上方有一蚊帐。蚊帐左方有一桌子，其上放医书、碗、勺等食具。帐内坐一人，背朝上，医者左手扶病肩，右手拿刮痧板，在病人背上刮痧，后边有一助手，捧一木盘，内盛不少不同形状的刮板。

右边有一山水画屏风，屏风外有一火盆，还有一痰桶。屏风内有六人，自左而右为：一人抱几包药；两人在交谈病情；一人在一边倾听；又有两男子交谈。

> **说明**
>
> 这是渤海国流行刮痧疗法的实证。所用刮痧板多种多样。画上还有火盆、痰桶等形式。北方民族发明火盆取暖，在此有明显反映。

4. 赶疗图

图 2-3-4　赶疗图

该图纸本，包绢，雕版印制，高 41 厘米，宽 59 厘米。右侧有 4 个渤海文字标题，又有两行 26 个渤海文字说明。有四个场面：

正中有一大床，躺一病人，上身赤裸，医者正以一赶杖在病人背上赶疗，旁有两人观看。

在靠里边的桌子上，点一蜡烛，一人揭开膏药，在火上烘烤，即将在病人身上贴膏药。

右边一人坐于方凳上，医者在背后活动病人两上肢，对面有一人拿膏药，欲为病人贴膏药。

左边有一病人坐于方凳上，左半身外露，医者正在病人肩上贴药。其对面有一人观看。

> **说 明**
>
> 赶疗指用一种圆棒赶挤伤痛的部位，它与刮痧有关，是促使痛处移动的作用。此画是赶压疗法的写照，并配合贴膏药疗法。

5. 拔罐图

图 2-3-5　拔罐图

该图纸本，包绢，雕版印制。高 41 厘米，宽 59 厘米。右有 4 个渤海文字标题，又有一行 12 个渤海文字说明。

远处有山，近处有树。

左方树下有一桌子，桌上有一方盘，内有四个罐子，一叠纸。桌旁有四个罐子，两个医者正检查拔罐子的情形，其中一人举小火把，与治病有关。

右下角也有一床，躺一病人，医者正在病人背上拔三个罐子。

正北有一桌，其上有药盒、罐子，医者正在检查罐子。

> **说明**
>
> 　　此画是渤海国医疗用拔罐的实证。在该画上，还有一熬药图，药罐是在三脚架上，说明此俗还保留游牧民族的炊事风俗。

6. 多枚拔罐图

图 2-3-6　多枚拔罐图

该图纸本，包绢，雕版印制。高 41 厘米，宽 59 厘米。右有 4 个渤海文字标题，又有两行 25 个渤海文字说明。

上边，搭一大床，躺一病人，背朝上，医者在其背上拔七个罐子。医者身后有一药罐子。有一助手，持盘，内有油之类东西。床前凳上坐一病人，医者在其背上拔罐子，共十多枚。

在右下角，有一病人，前胸拔四个罐子，出汗不少，病人右手持巾欲擦汗。有一人与其对话。

在右边上方，坐一病人，右臂上拔五个罐子。

在左边下方，坐一病人，在两个下肢共拔八个罐子。

> **说　明**
>
> 寒带居民多病，拔罐疗法也较盛行，而且采用多枚拔罐疗法，渤海国、辽国、女真国都是如此。

7. 头部拔罐图

图 2-3-7　头部拔罐图

该图纸本，包绢，雕版印制。高 41 厘米，宽 59 厘米。右侧有 4 个渤海文字标题，有三行 38 个渤海文字说明。

画面中央，是一位病人躺在坐椅上，医者在病人前额上拔三枚罐子。

左下角，在圆凳上放一水盆，一女人正给一个医者擦手，准备看病，其后有一男子在介绍主人病情；右下角，有一炉子，一人正在煽火，炉上热若干罐子，有一男一女围看。这可能烧制罐子。

在上述场面右边桌上有一盘小罐，共七个，还有一夹子。有一人捧盘，内有四个罐子给医者送去。

在右侧上角有一桌子，其上有药壶、碗和勺子，可能是准备的药具。

> **说　明**
>
> 拔罐疗法多选择在平坦、较软部位，如肩、腹、背等处，效果佳，所有拔罐牢固。但在头部、肢体上拔罐就困难多了。此画是头部拔罐，罐子较小，效果更佳。

8. 药浴图

图 2-3-8 药浴图

该图纸本，包绢，雕版印制。高 41 厘米，宽 59 厘米。右有 4 个渤海文字标题，又有三行 37 个渤海文字说明。

在左上角有一幢房子，内有两个大木桶，各有一人在药水中泡澡。后边为衣架，有一人在旁边侍候。

在浴池前面，有三个人，各拿一个圆簸箕，内装不同草药向右边走去。

右边也有三人，一人指挥，后者拿一簸箕，盛有切好的草药，另一人拉开帐子，让端药人前往浴室送药。

药浴是当时重要的医疗方法。

> **说明**
>
> 近现代洗澡行业中常用一种药浴健身、养生。其实这种洗澡方法来源于古代的药浴疗法，即往热温水中加入一定药物，经过一定时间泡浴，也可以治疗一定皮肤病或其他疾病。本图对了解唐代药浴方法有重要帮助。

9. 熏疗图

图 2-3-9　熏疗图

该图纸本，包绢，雕版印制。高 41 厘米，宽 59 厘米。右侧有 4 个渤海文字为标题，又有两行 27 个渤海文字说明。

远处有山，有一幢帐房，近处为熏疗场面：

右边有一长者坐在椅子上，仰头，旁有家人扶持。医者右手拿一点燃的药物，冒着白烟，为病人驱病。医者左手拿着几枝草药，从医者穿条裙看，应该是萨满。附近有四个观看，其中一男一女。

左下角有四人在议论药材熏疗方法，其中有一披发胡人，手中还拿着一把草药。

其后有一大伞盖，下坐男女主人，听一位侍从解释。

> **说明**
>
> 中医药起源于巫觋信仰，包括北方的萨满教，也有不少医药知识，其起源于用火熏走邪恶势力，后来演变为熏疗方法。此图就是用香草熏疗方法。

10. 火疗图

图 2-3-10　火疗图

该图纸本，包绢，雕版印制。高 41 厘米，宽 59 厘米。右侧有 4 个渤海文字为标题，又有两行 26 个渤海文字说明。

右边里边有一桌子，其上有药盒、碗和蜡烛。外边有一人用罐给一个持碗者倒液体，旁有三人在交谈。

左边外侧设一床，床上躺一病人，面朝下，下颚枕于枕上。身上盖一层被，有两个医者，一个指点另一个医者往被上倒液体。

左边里边也有一床，仰面躺一病人，身上蒙被，被上有七处火焰，两位医者正进行火疗。

> **说 明**
>
> 所谓火疗法，并不是直接用火烧肌肤，而是把火撒于患处，然后以火点燃，迅速以手按摩，起一个升温法治疗。或者在病人身上蒙以药类的被子，接着在其上点火，让火燃助身内发热、出汗，以而达到治疗效果，仍然伤不了皮肤。

11. 萨满驱鬼图

图 2-3-11　萨满驱鬼图

该图纸本，包绢，雕版印制。高 41 厘米，宽 59 厘米。右有四个渤海文字为标题，又有两行 27 个渤海文字说明。

远处有山，近有松树，有一群人在村外由萨满驱鬼治病。

在整个画面上，基本分两部分：

右侧画面是一位壮年男子背一个病人向村内走去，后边有一男一女扶持。他们前面有一人为其指路，旁边有三个男人观看，其中有一人拿骨朵。

左侧画面有三个萨满，其中有两个人戴牛角帙，均持手鼓和鼓槌，下穿条裙，三人奔跑如飞，作驱鬼形态。

> **说明**
>
> 如果病人久病不愈，认为是魔鬼缠身，只有请萨满驱鬼，才能使病人康复，说明萨满跳神也是一种治疗疾病方法。画上被背的人就是患者，三个萨满正击鼓跳神，为病人驱除魔鬼。本图不仅说明渤海医疗者原始落后的层面，对研究唐代北方萨满信仰也有帮助。

12. 治眼图

图 2-3-12 治眼图

该图纸本，包绢，雕版印制。高 41 厘米，宽 59 厘米。右有 4 个渤海文字标题，又有两行 33 个渤海文字说明。

远山，近有凉亭、岩石、花草。有一僧人与一人在亭内交谈。

凉亭前方，凳子上坐一老人，僧医正在为病人检查眼疾。

左边有一长桌，桌上放砚台、水碗，还有两幅已经画好的符：一个为方形，一个为圆形，主人还用笔在画一圆形符。一僧医在旁边指点。

桌前有一人拿一方形符表示谢意。

附近有四人观看，其中有两僧人。有一个僧人还指点眼睛，暗示该符可治愈眼疾。

说 明

在佛、道信仰中，僧医、道医有时也行医，方法较多，其中就包括画符防病方法。唐代孙思邈是道士，号称"孙道人"，所著作品为"道藏"，又是大名医，他所著《备急千金要方》《千金翼方》都是医学名著。唐代太医置下设咒禁科，把道教保健列入医疗之内。道教医生就常用符。

四 创伤疗法

在渤海国的医疗版画中，也有不少创伤疗法绘画，主要有针疗法、放血法和各种外科手术。这里必须提到麻醉剂。起初是利用酒为麻醉剂。《湖广通志》称唐代医生张"仕政以药酒破内取碎骨一片，涂膏封之，数日如旧"。不过最早的麻醉剂应该是华佗发明的麻沸散，尽管学术界对此有争论，但有些是可信的。如原来可能有书，华佗托狱卒拿出来，狱卒畏惧，书没有保存下来。传说是以《华佗神医秘传》中引伸出来的，认为"其传华佗麻沸散为羊踯躅三钱、茉莉花一钱、当归一两、菖蒲三分，水兹服一碗。"也就是由乌头附子、麻黄、金银花、洋金花（曼陀罗花）等组成。不过，小型手术未必用麻醉剂，用酒足矣，或者用机械捆绑，防止挣扎，大型手术则必用强烈的麻沸散不可。

1. 针疗图

图 2-4-1 针疗图

该图纸本，包绢，雕版印制。高 41 厘米，宽 59 厘米。右有 4 个渤海文字为标题，又有一行 17 个渤海文字说明。

在画面上部，右边有一山水画屏风，其左有一个大床，床上躺一人，背朝上，上身赤露，医者站其左侧，为病人进行针疗，已刺六针，正在进行第七针扎刺。后有一助手观看。

在右下角也有一组人，有一病人半跪式，回头让医者检查面部，医者似乎在进行评说，近处有两男子观看。

左下角也站两人，指着右下角看病情景进行议论。

> **说明**
>
> 该画是以针刺患者背部，以达到一定疗效。针疗是由针灸人进行的，即按一定穴位，看什么病而行针疗法。

2. 上身针疗图

图 2-4-2　上身针疗图

该图纸本，包绢，雕版印制。右侧有 4 个渤海文字为标题，又有一行 14 个渤海文字说明。整个画面分四个部分：

右下角有一风炉，火焰正旺，有一僧侣利用炉火烧针，进行消毒。

最后侧有一大床，躺一病人，面朝上，有枕头，有一医者正为病人检查眼疾。旁有四人看望，其中有两僧人。

左下方有一人坐于凳上，背朝上，一僧医正在进行针疗，背上已有六根针。另一僧人捧一盘针送上。

在中间，有一人坐于椅子上，接受针疗，在其左臂、右臂上，均扎许多处。有一人捧一盘针送来。有两人为其治疗，其中有一位僧医。

> **说明**
>
> 该图有针背、针臂等场面，还有人以火烧针，进行消毒，这是古代针疗防止误入病毒介入的主要措施。

3. 背部针疗图

图 2-4-3　背部针疗图

该图纸本，包绢，雕版印制。右侧有 4 个渤海文字为标题，又有两行 17 个渤海文字说明。

远处有山。

近处拴一骆驼、有一人抱草过来喂骆驼。

有两个画面：

一有一卷发病人，坐于凳上，上身裸着，医者正在病人身上扎针，已扎三枚，正在扎第四针。医生有一助手，正捧一筒针过来。

另在左边，有一长床，躺一病人，背后朝上，光露上身，医者正在其背上施针，已扎两枚，正在扎第三针。医者身后，有一助手捧一方案，其上有一茶壶，一个茶碗，为医生敬茶。还有一医生助手，捧一筒针过来。

> **说明**
>
> 这是对背部进行针疗。其中反映了针疗存于管内，用时以火烧一下进行消毒。

4. 针疗刮痧图

图 2-4-4　针疗刮痧图

该图纸本，包绢，雕版印制。高 41 厘米，宽 59 厘米。右侧有 3 个渤海文字标题，又有两行 26 个渤海文说明。

这里是僧医治疗图。

正中有一大床，伏卧一人，左背部、下肢都在扎针。床旁有一凳，上有一盒针。有三人在旁，其中两人为僧医。

床前凳上坐一人，上半身外露，肩上有五枚针，等待针疗。其右站一人，一位僧医正为病人右臂进行刮痧。另有两人在观注治疗过程。

> **说明**
>
> 　　该图反映了僧医在患者肩部、背部进行针疗。但针疗不是孤立的，还结合其他疗法，如此图就有刮痧疗法，共同进行治疗。孙思邈《千金方》："若针而不灸，灸而不针，皆非良医也；针灸不药，药不针灸，尤非良医也。"唐代将针疗列为太医署五科之一。《唐六典》规定"针生习《素问》《黄帝针经》《明堂》《脉诀》。"

5. 左臂放血图

图 2-4-5　左臂放血图

　　该图纸本，包绢，雕版印制。高 41 厘米，宽 59 厘米。右侧有 4 个渤海文字为标题，又有两行 19 个渤海文字说明。

　　远处有山，近有账房，房外搭棚，在其内放血治疗。

　　在一个长凳上坐一男子，两脚叉开，上身裸露，左臂用铁箍箍在一个木桩上，左上肢伸直，医者正以短刀切割小臂，放血于下面的盆内。医者身后有一盘手术工具。

　　在左上方，有一人在火盆内烧开水，一人坐炉前以扇子煽风。另一人持汗巾侍候。右侧有三个男子看护手术活动。

说明

　　放血是一种较大的手术，但一般不用麻药，不过也疼痛难忍。因此在此图中，将患者手臂牢牢拴在木桩上，防止手臂移动，影响施术放血。通常放血必进行刀割，下设血盆，这些特点在绘画上都有反映。

6. 右臂放血图

图 2-4-6　右臂放血图

该图纸本，包绢，雕版印制。右侧有 4 个渤海文字标题，又有两行 28 个渤海文字说明。

远处有山，有岩石、花草，近处有两个方面：

正中有一方桌，其上除茶碗外，主要放置多种手术刀。前有一病人坐在椅子上，右臂由医者作放血疗法，地上有一盆，正是接血的器皿。在其左右各有两人观看。后有一桌，其上放杵臼、药碟等具。

再后有一病人坐于凳上，伸出左脚，由医生检查病状。其左有一老妇观看；其右也有一个人看望。还有两人在交谈。

> **说明**
>
> 此图放血与前图近似，但放血部位不同，前者为左臂，后者为右臂。

7. 术前准备图

图 2-4-7　术前准备图

该图纸本，包绢，雕版印制。高 41 厘米，宽 59 厘米。右边 4 个渤海文字为题目，又有两行 27 个渤海文说明。

整个场面较大，共十三人，其中有三个画面：

在上方，右侧有一人，以灯火烧刀具，进行消毒，准备手术工具。一人捧一木盘，其上有手术刀和小碗。有一病人坐在凳上，背向医者，医者拉开病者后衣领，在背上部露出一疮，医者为对面一人讲解。

左下角坐一病人，医者左手捧碗，右手为病人消毒，擦其后背，欲作手术。对面来一人，持有汗巾。

在右下角，站五个人，其中有三男两女，正在议论病情。

说 明

术前有一定准备，一定为手术刀消毒，当时基本为火疗法，先是擦洗伤口，为手术做好准备。

8. 背部囊肿手术图

图 2-4-8　背部囊肿手术图

该图纸本，包绢，雕版印制。高 41 厘米，宽 59 厘米。右有 4 个渤海文字标题，又有两行 26 个渤海文字说明。

在右上角，设一大床，躺一病人，背朝上，背上有囊肿，医者正以小刀切割。桌前放置不少手术工具，床里侧有一水盆，有一佣人正持汗巾等待。

在右下角，坐一病人，医者正为病人包扎左下臂伤口，有一助手在旁。

左下角有两匹马，有鞍具和马镫，这是病人骑来的。

远处有山。

左上角有四个男子，正在观察手术动作。

> **说明**
>
> 割疮技术在当时文献中也有记载。《晋书·魏咏之传》："赣县里正背后肿，大如拳，（杨元）亮以刀割之，数日平复。"上述画与文献记载是一致的。

9. 切除背疮图

图 2-4-9　切除背疮图

该图纸本，包绢，雕版印制。高 41 厘米，宽 59 厘米。右有 4 个渤海文字标题，又有三行 33 个渤海文字说明。

在左上方，有一病人坐于木凳上，双手按住一矮凳，上身露外，背上长有一疮，医者正以小刀切疮。其后有一助手，手捧一燃烧的棍状物，似为手术继续烤疗。在病人对面，来一侍童，他端一水盆，拿着汗巾，供医者洗手使用。

在上述场面右侧站两人，一人似谈了解病情，另一个手指病人，作介绍状。

> **说明**
>
> 切除身上脓肿是较小手术，未必用麻沸散，此图用两种方法防止疼痛：一是以双手紧扶凳子，集中精力让医者做手术；一是让患者嘴咬一木棍，精力集中，忍住疼痛，为手术提供方便。

10. 胳臂手术图

图 2-4-10　胳臂手术图

该图纸本，包绢，雕版印制。高 41 厘米，宽 59 厘米。右有四个渤海文字标题，有两行 30 个渤海文字说明。

远处有山，近有两匹马，备有鞍子和马镫，主人是骑马来看病的。

正中间有一男子，两臂平伸，左臂由一人扶持，右臂脱掉衣服袖，医者右手握病人手，左手以刀切割臂上疮疾。有一助手捧一木盘，内放不少手术刀。还有一人在旁看望。

在上方有三人，有一位穿圆领宽襟长袍，浓厚胡须，与医生相同装饰，后者还卷发，说明医者为粟特人。另两人持礼物，其中一人捧一卷帛，一人拿一礼盒。

右下角有两人议事。

> **说　明**
>
> 这是医者对患者上肢进行手术，比较简单。在湖南马王堆出土的汉代《五十二病方》中已提到外科手术。《晋书·魏咏之传》讲述他对唇裂、畸形外科手术也有一定方法，但规定术后只能吃粥，不能笑。刘宋武帝时随军医生龚庆宣就能治疗外伤，称"时宋武北征，有被伤者，以药涂之即愈。"当时成书的《刘涓子鬼遗方》是一部写外科代表作品。自丝绸之路开通以来，中西文化交流频繁，《通鉴》称"天宝（742～755）以后，胡客留长安者四千人。"其中就有胡医。因此国家进贡时，也"进梵僧名医"，他们必然带来了异国医术。

11. 小腿治伤图

图 2-4-11　小腿治伤图

该图纸本，包绢，雕版印制。高 41 厘米，宽 59 厘米。右有 4 个渤海文字标题，又有两行 25 个渤海文字说明。

远处有山，近有凉亭。

有两个手术场面：

一个病人坐在岩石上，伸出卷裤的左腿，医者半跪，为病人治疗小腿，好像灸疗似的，前边地上有一小碗，有一妇女进行观看。

另一个是病人坐于凳上，伸出左臂，医者已以布带为病人包扎。后有一男子持布带等候。在左边站四位男子，似有议事。

说明

此画除有手术外，还有拴绷带的场面，说明唐代已有绷带了。

12. 胸部手术图

图 2-4-12　胸部手术图

　　该图纸本，包绢，雕版印制。高 41 厘米，宽 59 厘米。右有 4 个渤海文字标题，又有三行 36 个渤海文字说明。

　　绘有一帐子，内有一床，躺一病人，医生已做完胸部手术，还安一导管，医生正拿一布单欲盖在病人身上。床右有三位助手，其中一位持绷带，一位持药罐。

　　右下角有一火炉，正冒火，有一人吹竹筒烧火助燃，一个持刀用火消毒，这可能是手术前的准备。

　　床前面，有一桌，其上放一杵臼，四种药，有三人在侧，可能是病人术后用的药材。

> **说明**
>
> 　　该画展示了以火对刀消毒、开胸手术及导管流液等情节。唐代已有剖腹手术记载。《新唐书》《资治通鉴》都记载武则天对安金藏不信任，安金藏公开说："公不信我言，请剖心以明皇嗣不反也。"并剖腹，肠落于地。后经医者抢救治愈。说到导管，不知所物，但《千金方》已经记载用葱叶导尿，其法与近代治疗尿潴留导尿方法相同，只是导管为何物？有待研究、探寻。

13. 伤口缝线图

图 2-4-13　伤口缝线图

该图纸本，包绢，雕版印制。高 41 厘米，宽 59 厘米。右侧有 4 个渤海文字标题，又有两行 25 个渤海文说明。

上部为做手术场面。其中左上方有一病人坐于椅子上，嘴咬一木棍，尽力克服疼痛。他伸出的左腿，刚刚做完手术，医生正在进行伤口缝线。旁有一桌，桌上有很多手术工具。医者背后有一侍女，持汗巾侍候。再后有一风炉煮药，一女子捧药碗前来，右边有两男子在议论手术情况。

下边有三人，一人引路，两人随之，还有一马在后，备有鞍垫及马镫。

> **说明**
>
> 该图上有熬药，说明手术与吃药的结合。在做手术时，患者也嘴咬一木棍防痛。术后缝线也是必然的，问题是使用什么线？从安金藏剖腹示忠事来看，当时用桑皮线缝伤口，是否还用其他线就不得而知了。

14. 正骨图

图 2-4-14　正骨图

该图纸本，包绢，雕版印制。高 41 厘米，宽 59 厘米。右侧有 4 个渤海文字标题，又有两行 23 个渤海文说明。

远有山，近有松树。

松树下为治疗场面：地上铺一毯子，有枕，病人仰面躺在毯上，右下肢伸直，左下肢折状，医者以双手为病人治疗左下肢。病人前有一火盆。旁站一人看望。

内侧有一桌，桌上有医书，水碗和文具，旁站人。右侧有主人坐凳上观看。其后有五人观看，其中有一人持杖，一人捧药罐，一人持汗巾，均为治疗服务。

说明

正骨是医疗常遇到的问题，因为外伤中有一种骨折，民俗说："骨头断了连着筋。"只要有一定条件是可以治疗骨折的，古代蔺道人（790～850）是道士，又是骨科奠基人。对骨折、脱臼往往用常规方法治疗；如果遇到粉碎性骨折，蔺道人讲究清理伤口，进行检查，确认牵引、整形处理，复位后熬药，用夹板固定，并且经常检查、换药。所用的夹板是桑木皮。蔺道人总结了治疗骨科经验，著有《理伤续断方》。

五 运动疗法

在唐代医疗版画中,也有几幅医疗方面的运动绘画。此项内容也是健身、医疗的范围,源于华佗的五禽之戏。崔寔《政论》云:"熊经鸟伸,延年之术,故华佗有五禽之戏,魏文有五槌之锻。仙经云:户枢不朽,流水不腐。谓欲使背节调利,血腑宜通,即其事也。"渤海国医疗版画中也有运动医疗绘画内容的。

1. 运动上肢图

图 2-5-1　运动上肢图

该图纸本，包绢，雕版印制。高 41 厘米，宽 59 厘米。右有 4 个渤海文字标题，有一行 15 个渤海文说明。有三个画面：

右边设一长案，其上摆不少草药，还有杵臼、秤、剪刀，还有一人正在桌上用铡刀切药材。

左上角为房子，内坐一病人，头部扎不少针、医者为其后背按摩。附近有两人观看。

左下角，有一人高举双臂，作五禽之戏动作，健身活体，有两人在旁边指导。

> **说明**
>
> 该图内容较多，有制药工具，药材加工、针灸、按摩，但重要的是术后让患者练习上肢活动，以运动方式，活动筋骨，健身活动，既是治疗方法，又是健身活动。

2. 牵引四肢图

图 2-5-2　牵引四肢图

该图纸本，包绢，雕版印制。高 41 厘米，宽 59 厘米。右有 4 个渤海文字标题，有两行 34 个渤海文字说明。

远处有山。

近处有木架，悬挂一人，双手各握木架横梁上的铁环，双臂分开状。裸上身，下着裤，双足各拴三块砖，医者在其腰部按摩。前面有一男子看望。

在下方坐一病人，医者在其头部两侧按摩，有一男子近距离观看。

在右下角有两个人观望，其中女人持巾。左边有四人观看。

> **说 明**
>
> 这是手术后的医疗方法，即利用牵引方法正骨拉筋，这是中医药治疗的一部分。

3. 僧医教拳图

图 2-5-3　僧医教拳图

该图纸本，雕印，包绢。高 41 厘米，宽 59 厘米。右侧有 4 个渤海文字为标题。又有三行 36 个渤海文字说明。

画中央有一桌子，桌上有两水碗。一侧坐僧医，一侧坐渤海人，伸出左臂，由僧医为其号脉。僧医后有岩石、芭蕉。

桌前有一僧医，指导一患者练拳，以体育疗法活动筋骨。

右侧站四个僧人，其中有一女子，披肩为女尼。

左侧有五人围观，其中有三男两女，女主人还拿一把团伞。

> **说明**
>
> 该画上有女尼，而且是胡人形象，说明渤海国寺院有不少外国人。僧侣不仅治疗民间百姓疾病，在治疗过程中也指导患者练拳健身。

4. 僧侣教武术图

图 2-5-4　僧侣教武术图

该图纸本，包绢，雕版印制。高 41 厘米，宽 59 厘米。右有 4 个渤海文字为标题。又有一行 16 个渤海文字说明。

在室内帐前，还有盆景搭配。

室内有一大床，床上有一矮几，其上放香炉。几两边各坐一人：僧人和主人，互相交谈，左侧有两僧人侍候。

左下角有两人，一僧人在指导一人练武术，后者以双拳作击拳状，以练武功训练自己的身体。

床前有一脚踏。脚踏前有两男子交谈。右方有三个女眷观看。

> **说明**
>
> 中国古代寺院是文化中心，寺院里不仅有书法家、画家、音乐师、翻译家，也有不少武术高手。本图就有僧侣指导俗民练拳的场面。